1

```
****************************************************************
*                                                              *
*              CODE GRID PUZZLE BOOK                           *
*                                                              *
*          Welcome to the CodeGrid Puzzle Book!               *
*                                                              *
*              FOR PROGRAMMERS                                 *
*                                                              *
****************************************************************
```

BY: Yossi Eliaz
(AKA ZOZO123)

Cambridge, MA, USA
2024

ELIAZ123@CS.HUJI.AC.IL

Welcome to the CodeGrid Puzzle Book: Programmer's Edition

C O D E G R I D
P U Z Z L E
B O O K

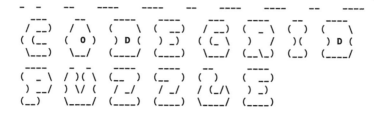

```
-  -    --    ----    ----    --    ----    ----    --    ----
  ___    __    ____    ____    ___    ____    __    ____
 / __)  /  \  (    \  (  __)  / __)  (  _ \  (  )  (    \
( (__  (  O )  ) D (   ) _)  ( (_ \   )   /   )(    ) D (
 \___)  \__/  (____/  (____)  \___/  (__\_)  (__)  (____/
 ____    _  _    ____    ____    __     ____
(  _ \  / )( \  (__  )  (__  )  (  )   (  __)
 ) __/  ) \/ (   / _/    / _/   / (_/\   ) _)
(__)    \____/  (____)  (____)  \____/  (____)

- -   --    ----    ----    --    ----    ----    --    ----
```

Prepare to Debug Your Brain!

In this special edition, we've compiled puzzles that speak your language - Binary, Hexadecimal, or Octal. Instead of compiling code, you'll be filling correct answers onto our grids. Ready to execute? Here's your setup:

Select Your Puzzle Type:

- Binary (0s and 1s): Think like a computer. Each row and column must have a fixed number of 0s and 1s. No repeating values allowed.
- Hexadecimal (0-9, A-F): Dive into the colorful world of RGB and memory addresses.
- Octal (0-7): Channel your inner UNIX permissions guru.

Understand the Compiler (Rules):

- No Duplicates: For Binary puzzles, each row and column must have a fixed number of 0s and 1s. No repeating values allowed.
- Segmentation Logic: Some puzzles are segmented. Each segment must also have unique values, or must have same number of 1s and 0s.
- Special Instructions: Some puzzles come with their own API documentation. Read carefully; these are your constraints and helpers.

Debugging (Solving the Puzzle):

- Use logic and elimination to deduce the correct values for each cell.
- There's only one solution. If you find more, you've introduced a bug. Time to refactor!

Code Review (Checking Your Solution):

- Solutions are available too. No peeking early.
- If your grid matches the solution, congratulations!

Level Up (Difficulty Settings):

- Junior Developer: Easier puzzles to start with, allowing you to learn the rules.
- Senior Developer: More challenging puzzles that require creativity and problem-solving skills.
- Principal Engineer: Complex problems that need advanced logic.

Best Practices (Tips):

- Comment Your Work: Jot down possibilities in the margins.
- Refactor Often: Found a mistake? Refactor your solution.
- Take Breaks: Even the best programmers need breaks. A fresh look can reveal new solutions.

Happy Puzzling!

Remember, like in programming, persistence is key. Each puzzle solved enhances your logical thinking, akin to leveling up in your coding skills. So, open your puzzle book, load your preferred debugging tools, and start puzzling away!

BONUS: If you find the seed value, we might give you a special prize. Tweet with #CodeGridPuzzleBook for a chance to win 1000 kaspa coins.

DISCLAIMER: The special prize mentioned above is subject to availability and may be modified or canceled without notice. Author and the creators of CodeGrid Puzzle Book reserve the right to make changes at any time. The prize is not guaranteed and is contingent upon the discretion of the organizers. By participating in the challenge and tweeting with the hashtag #CodeGridPuzzleBook, participants agree to these terms and conditions. Author and the creators of CodeGrid Puzzle Book are not responsible for any technical issues, errors, or discrepancies that may occur during the challenge or prize distribution process. The organizers' decision regarding the selection of winners is final and binding. Participants should familiarize themselves with local laws and regulations regarding contests and prizes before participating. Author and the creators of CodeGrid Puzzle Book are not liable for any damages or losses incurred as a result of participating in the challenge or using the prize. Participation in the challenge is voluntary and at the participant's own risk.

Puzzle: BINARY - Difficulty: JUNIOR

	0	1	2	3	4	5	6	7
0	0	0	1	0	1	0		1
1	0	0	1	0	1		1	
2		1	0	1	0	1	0	0
3	0	1	1	0	1	1	0	0
4	1		0	1	0	0	1	
5	0	1	1	0	1	1	0	0
6		1			0	1	0	0
7	1	0	0		0	0	1	1

Solution:

	0	1	2	3	4	5	6	7
0	0	0	1	0	1	0	1	1
1	0	0	1	0	1	0	1	1
2	1	1	0	1	0	1	0	0
3	0	1	1	0	1	1	0	0
4	1	0	0	1	0	0	1	1
5	0	1	1	0	1	1	0	0
6	1	1	0	1	0	1	0	0
7	1	0	0	1	0	0	1	1

Puzzle: BINARY - Difficulty: JUNIOR

```
     0   1   2   3   4   5   6   7
   +---+---+---+---+---+---+---+---+
 0 | 0 | 0 | 1 | 0 | 1 | 0 | 1 |   |
   +---+---+---+---+---+---+---+---+
 1 | 0 | 0 | 1 | 0 | 1 | 0 |   |   |
   +---+---+---+---+---+---+---+---+
 2 | 1 |   | 0 | 1 | 0 | 1 | 0 |   |
   +---+---+---+---+---+---+---+---+
 3 |   | 0 | 1 | 0 | 1 | 0 | 0 | 1 |
   +---+---+---+---+---+---+---+---+
 4 | 0 | 1 | 0 | 1 | 0 | 1 | 1 |   |
   +---+---+---+---+---+---+---+---+
 5 | 1 |   | 0 | 1 | 0 | 1 | 0 | 0 |
   +---+---+---+---+---+---+---+---+
 6 | 1 | 0 | 1 | 0 | 1 | 0 |   | 1 |
   +---+---+---+---+---+---+---+---+
 7 | 0 | 1 | 0 |   | 0 | 1 | 1 | 0 |
   +---+---+---+---+---+---+---+---+
```

Solution:

```
     0   1   2   3   4   5   6   7
   +---+---+---+---+---+---+---+---+
 0 | 0 | 0 | 1 | 0 | 1 | 0 | 1 | 1 |
   +---+---+---+---+---+---+---+---+
 1 | 0 | 0 | 1 | 0 | 1 | 0 | 1 | 1 |
   +---+---+---+---+---+---+---+---+
 2 | 1 | 1 | 0 | 1 | 0 | 1 | 0 | 0 |
   +---+---+---+---+---+---+---+---+
 3 | 1 | 0 | 1 | 0 | 1 | 0 | 0 | 1 |
   +---+---+---+---+---+---+---+---+
 4 | 0 | 1 | 0 | 1 | 0 | 1 | 1 | 0 |
   +---+---+---+---+---+---+---+---+
 5 | 1 | 1 | 0 | 1 | 0 | 1 | 0 | 0 |
   +---+---+---+---+---+---+---+---+
 6 | 1 | 0 | 1 | 0 | 1 | 0 | 0 | 1 |
   +---+---+---+---+---+---+---+---+
 7 | 0 | 1 | 0 | 1 | 0 | 1 | 1 | 0 |
   +---+---+---+---+---+---+---+---+
```

Puzzle: BINARY - Difficulty: JUNIOR

```
      0   1   2   3   4   5   6   7
    +---+---+---+---+---+---+---+---+
0   | 1 | 0 | 1 | 0 | 0 | 1 | 0 |   |
    +---+---+---+---+---+---+---+---+
1   | 0 | 0 |   | 1 |   | 1 |   | 0 |
    +---+---+---+---+---+---+---+---+
2   | 1 |   | 0 | 0 | 1 | 0 | 1 | 0 |
    +---+---+---+---+---+---+---+---+
3   | 1 | 0 | 0 | 1 | 0 |   | 0 | 1 |
    +---+---+---+---+---+---+---+---+
4   |   | 1 | 1 |   |   | 0 | 1 | 0 |
    +---+---+---+---+---+---+---+---+
5   |   | 1 | 0 | 1 | 0 | 1 | 0 | 1 |
    +---+---+---+---+---+---+---+---+
6   | 1 | 0 | 1 | 0 | 1 | 0 | 1 | 0 |
    +---+---+---+---+---+---+---+---+
7   | 0 | 1 | 0 | 1 | 1 | 0 | 0 | 1 |
    +---+---+---+---+---+---+---+---+
```

Solution:

```
      0   1   2   3   4   5   6   7
    +---+---+---+---+---+---+---+---+
0   | 1 | 0 | 1 | 0 | 0 | 1 | 0 | 1 |
    +---+---+---+---+---+---+---+---+
1   | 0 | 0 | 1 | 1 | 0 | 1 | 1 | 0 |
    +---+---+---+---+---+---+---+---+
2   | 1 | 1 | 0 | 0 | 1 | 0 | 1 | 0 |
    +---+---+---+---+---+---+---+---+
3   | 1 | 0 | 0 | 1 | 0 | 1 | 0 | 1 |
    +---+---+---+---+---+---+---+---+
4   | 0 | 1 | 1 | 0 | 1 | 0 | 1 | 0 |
    +---+---+---+---+---+---+---+---+
5   | 0 | 1 | 0 | 1 | 0 | 1 | 0 | 1 |
    +---+---+---+---+---+---+---+---+
6   | 1 | 0 | 1 | 0 | 1 | 0 | 1 | 0 |
    +---+---+---+---+---+---+---+---+
7   | 0 | 1 | 0 | 1 | 1 | 0 | 0 | 1 |
    +---+---+---+---+---+---+---+---+
```

Puzzle: BINARY - Difficulty: JUNIOR

```
      0   1   2   3   4   5   6   7
    +---+---+---+---+---+---+---+---+
0   | 0 | 1 |   | 0 | 1 | 0 | 1 |   |
    +---+---+---+---+---+---+---+---+
1   | 0 | 0 | 1 | 1 | 0 | 1 |   | 1 |
    +---+---+---+---+---+---+---+---+
2   |   | 1 | 0 | 1 | 0 |   | 1 | 0 |
    +---+---+---+---+---+---+---+---+
3   | 0 | 0 | 1 | 0 | 1 | 1 | 0 |   |
    +---+---+---+---+---+---+---+---+
4   | 1 | 1 | 0 | 1 | 0 | 0 | 1 | 0 |
    +---+---+---+---+---+---+---+---+
5   | 1 | 0 | 1 | 0 |   | 1 |   | 0 |
    +---+---+---+---+---+---+---+---+
6   | 0 | 1 | 0 | 0 |   | 0 | 1 | 1 |
    +---+---+---+---+---+---+---+---+
7   | 1 | 0 | 1 | 1 | 0 | 1 |   | 0 |
    +---+---+---+---+---+---+---+---+
```

Solution:

```
      0   1   2   3   4   5   6   7
    +---+---+---+---+---+---+---+---+
0   | 0 | 1 | 0 | 0 | 1 | 0 | 1 | 1 |
    +---+---+---+---+---+---+---+---+
1   | 0 | 0 | 1 | 1 | 0 | 1 | 0 | 1 |
    +---+---+---+---+---+---+---+---+
2   | 1 | 1 | 0 | 1 | 0 | 0 | 1 | 0 |
    +---+---+---+---+---+---+---+---+
3   | 0 | 0 | 1 | 0 | 1 | 1 | 0 | 1 |
    +---+---+---+---+---+---+---+---+
4   | 1 | 1 | 0 | 1 | 0 | 0 | 1 | 0 |
    +---+---+---+---+---+---+---+---+
5   | 1 | 0 | 1 | 0 | 1 | 1 | 0 | 0 |
    +---+---+---+---+---+---+---+---+
6   | 0 | 1 | 0 | 0 | 1 | 0 | 1 | 1 |
    +---+---+---+---+---+---+---+---+
7   | 1 | 0 | 1 | 1 | 0 | 1 | 0 | 0 |
    +---+---+---+---+---+---+---+---+
```

Puzzle: BINARY - Difficulty: STAFF

```
    0   1   2   3   4   5   6   7
  +---+---+---+---+---+---+---+---+
0 | 0 | 0 | 0 | 1 | 1 | 1 |   |   |
  +---+---+---+---+---+---+---+---+
1 | 0 | 0 |   | 0 | 1 |   |   |   |
  +---+---+---+---+---+---+---+---+
2 |   |   | 0 | 0 | 1 | 1 | 1 |   |
  +---+---+---+---+---+---+---+---+
3 |   | 0 | 0 | 0 | 1 | 1 | 1 | 1 |
  +---+---+---+---+---+---+---+---+
4 |   |   | 1 |   | 0 | 0 | 1 |   |
  +---+---+---+---+---+---+---+---+
5 | 1 |   | 1 | 1 | 0 | 0 | 0 | 0 |
  +---+---+---+---+---+---+---+---+
6 |   | 1 |   |   | 0 | 0 |   | 0 |
  +---+---+---+---+---+---+---+---+
7 | 1 | 1 | 1 |   | 0 | 0 | 0 | 0 |
  +---+---+---+---+---+---+---+---+
```

Solution:

```
    0   1   2   3   4   5   6   7
  +---+---+---+---+---+---+---+---+
0 | 0 | 0 | 0 | 1 | 1 | 1 | 0 | 1 |
  +---+---+---+---+---+---+---+---+
1 | 0 | 0 | 0 | 0 | 1 | 1 | 1 | 1 |
  +---+---+---+---+---+---+---+---+
2 | 0 | 0 | 0 | 0 | 1 | 1 | 1 | 1 |
  +---+---+---+---+---+---+---+---+
3 | 0 | 0 | 0 | 0 | 1 | 1 | 1 | 1 |
  +---+---+---+---+---+---+---+---+
4 | 1 | 1 | 1 | 0 | 0 | 0 | 1 | 0 |
  +---+---+---+---+---+---+---+---+
5 | 1 | 1 | 1 | 1 | 0 | 0 | 0 | 0 |
  +---+---+---+---+---+---+---+---+
6 | 1 | 1 | 1 | 1 | 0 | 0 | 0 | 0 |
  +---+---+---+---+---+---+---+---+
7 | 1 | 1 | 1 | 1 | 0 | 0 | 0 | 0 |
  +---+---+---+---+---+---+---+---+
```

Puzzle: BINARY - Difficulty: STAFF

```
     0   1   2   3   4   5   6   7
   +---+---+---+---+---+---+---+---+
 0 | 1 | 1 | 0 | 0 | 1 | 1 |   |   |
   +---+---+---+---+---+---+---+---+
 1 | 0 | 1 |   | 1 | 0 |   |   |   |
   +---+---+---+---+---+---+---+---+
 2 |   |   | 1 | 0 | 1 | 1 | 0 |   |
   +---+---+---+---+---+---+---+---+
 3 |   | 0 | 1 | 1 | 0 | 0 | 1 | 1 |
   +---+---+---+---+---+---+---+---+
 4 |   |   | 0 |   | 0 | 1 | 1 |   |
   +---+---+---+---+---+---+---+---+
 5 | 1 |   | 0 | 0 | 1 | 0 | 0 | 1 |
   +---+---+---+---+---+---+---+---+
 6 |   | 0 |   |   | 1 | 0 |   | 1 |
   +---+---+---+---+---+---+---+---+
 7 | 1 | 0 | 1 |   | 0 | 1 | 0 | 0 |
   +---+---+---+---+---+---+---+---+
```

Solution:

```
     0   1   2   3   4   5   6   7
   +---+---+---+---+---+---+---+---+
 0 | 1 | 1 | 0 | 0 | 1 | 1 | 0 | 0 |
   +---+---+---+---+---+---+---+---+
 1 | 0 | 1 | 0 | 1 | 0 | 0 | 1 | 1 |
   +---+---+---+---+---+---+---+---+
 2 | 1 | 0 | 1 | 0 | 1 | 1 | 0 | 0 |
   +---+---+---+---+---+---+---+---+
 3 | 0 | 0 | 1 | 1 | 0 | 0 | 1 | 1 |
   +---+---+---+---+---+---+---+---+
 4 | 0 | 1 | 0 | 1 | 0 | 1 | 1 | 0 |
   +---+---+---+---+---+---+---+---+
 5 | 1 | 1 | 0 | 0 | 1 | 0 | 0 | 1 |
   +---+---+---+---+---+---+---+---+
 6 | 0 | 0 | 1 | 0 | 1 | 0 | 1 | 1 |
   +---+---+---+---+---+---+---+---+
 7 | 1 | 0 | 1 | 1 | 0 | 1 | 0 | 0 |
   +---+---+---+---+---+---+---+---+
```

Puzzle: BINARY - Difficulty: STAFF

```
        0   1   2   3   4   5   6   7
      +---+---+---+---+---+---+---+---+
   0  | 0 | 0 |   | 0 | 1 | 0 | 1 |   |
      +---+---+---+---+---+---+---+---+
   1  | 0 | 1 | 0 | 0 |   | 1 |   | 1 |
      +---+---+---+---+---+---+---+---+
   2  |   |   | 1 | 1 | 0 |   | 0 |   |
      +---+---+---+---+---+---+---+---+
   3  | 0 | 0 | 1 | 0 | 1 |   | 1 |   |
      +---+---+---+---+---+---+---+---+
   4  | 1 | 1 | 0 | 1 |   | 0 | 1 | 0 |
      +---+---+---+---+---+---+---+---+
   5  |   | 0 |   |   |   |   |   | 1 |
      +---+---+---+---+---+---+---+---+
   6  | 1 | 1 | 0 | 1 |   | 1 | 0 | 0 |
      +---+---+---+---+---+---+---+---+
   7  | 1 | 1 | 0 | 1 |   | 0 |   | 0 |
      +---+---+---+---+---+---+---+---+
```

Solution:

```
        0   1   2   3   4   5   6   7
      +---+---+---+---+---+---+---+---+
   0  | 0 | 0 | 1 | 0 | 1 | 0 | 1 | 1 |
      +---+---+---+---+---+---+---+---+
   1  | 0 | 1 | 0 | 0 | 1 | 1 | 0 | 1 |
      +---+---+---+---+---+---+---+---+
   2  | 1 | 0 | 1 | 1 | 0 | 1 | 0 | 0 |
      +---+---+---+---+---+---+---+---+
   3  | 0 | 0 | 1 | 0 | 1 | 0 | 1 | 1 |
      +---+---+---+---+---+---+---+---+
   4  | 1 | 1 | 0 | 1 | 0 | 0 | 1 | 0 |
      +---+---+---+---+---+---+---+---+
   5  | 0 | 0 | 1 | 0 | 1 | 1 | 0 | 1 |
      +---+---+---+---+---+---+---+---+
   6  | 1 | 1 | 0 | 1 | 0 | 1 | 0 | 0 |
      +---+---+---+---+---+---+---+---+
   7  | 1 | 1 | 0 | 1 | 0 | 0 | 1 | 0 |
      +---+---+---+---+---+---+---+---+
```

Puzzle: BINARY - Difficulty: STAFF

	0	1	2	3	4	5	6	7
0	0	0		0	1	0	1	
1	0	1	0	0		1		1
2			1	1	0		0	
3	0	0	1	0	1		1	
4	1	1	0	1		0	1	0
5		0					1	
6	1	1	0	1		1	0	0
7	1	1	0	1		0		0

Solution:

	0	1	2	3	4	5	6	7
0	0	0	1	0	1	0	1	1
1	0	1	0	0	1	1	0	1
2	1	0	1	1	0	1	0	0
3	0	0	1	0	1	0	1	1
4	1	1	0	1	0	0	1	0
5	0	0	1	0	1	1	0	1
6	1	1	0	1	0	1	0	0
7	1	1	0	1	0	0	1	0

Puzzle: BINARY - Difficulty: PRINCIPAL

	0	1	2	3	4	5	6	7
0	1	0		0	0	1	0	1
1	0			1			1	
2	1	1	0	0	1	0		0
3	1	0		1		1	0	1
4				0	1	0	1	0
5		1	0		0	1	0	
6	1		1	0	1	0	1	0
7	0	1				0	0	

Solution:

	0	1	2	3	4	5	6	7
0	1	0	1	0	0	1	0	1
1	0	0	1	1	0	1	1	0
2	1	1	0	0	1	0	1	0
3	1	0	0	1	0	1	0	1
4	0	1	1	0	1	0	1	0
5	0	1	0	1	0	1	0	1
6	1	0	1	0	1	0	1	0
7	0	1	0	1	1	0	0	1

Puzzle: BINARY - Difficulty: PRINCIPAL

	0	1	2	3	4	5	6	7
0			1	0			1	1
1	0	0				0		
2	1	1	0	1		1	0	0
3	0		1	0	1	0	1	1
4	1		0	1	0		0	
5	1			1	0	0		0
6	0	0	1			1	0	1
7	1	1	0		0	1	0	0

Solution:

	0	1	2	3	4	5	6	7
0	0	0	1	0	1	0	1	1
1	0	0	1	0	1	0	1	1
2	1	1	0	1	0	1	0	0
3	0	0	1	0	1	0	1	1
4	1	1	0	1	0	1	0	0
5	1	1	0	1	0	0	1	0
6	0	0	1	0	1	1	0	1
7	1	1	0	1	0	1	0	0

Puzzle: BINARY - Difficulty: PRINCIPAL

```
      0   1   2   3   4   5   6   7
    +---+---+---+---+---+---+---+---+
 0  | 1 | 1 | 0 | 0 | 1 | 1 |   |   |
    +---+---+---+---+---+---+---+---+
 1  | 0 | 1 |   | 1 |   |   |   |   |
    +---+---+---+---+---+---+---+---+
 2  |   |   | 1 | 0 | 1 |   | 0 |   |
    +---+---+---+---+---+---+---+---+
 3  |   | 0 | 1 | 1 | 0 |   | 1 |   |
    +---+---+---+---+---+---+---+---+
 4  |   |   | 0 |   |   | 1 | 1 |   |
    +---+---+---+---+---+---+---+---+
 5  |   |   | 0 | 0 |   | 0 |   | 1 |
    +---+---+---+---+---+---+---+---+
 6  |   | 0 |   |   |   | 0 |   | 1 |
    +---+---+---+---+---+---+---+---+
 7  | 1 | 0 | 1 |   | 0 | 1 |   | 0 |
    +---+---+---+---+---+---+---+---+
```

Solution:

```
      0   1   2   3   4   5   6   7
    +---+---+---+---+---+---+---+---+
 0  | 1 | 1 | 0 | 0 | 1 | 1 | 0 | 0 |
    +---+---+---+---+---+---+---+---+
 1  | 0 | 1 | 0 | 1 | 0 | 0 | 1 | 1 |
    +---+---+---+---+---+---+---+---+
 2  | 1 | 0 | 1 | 0 | 1 | 1 | 0 | 0 |
    +---+---+---+---+---+---+---+---+
 3  | 0 | 0 | 1 | 1 | 0 | 0 | 1 | 1 |
    +---+---+---+---+---+---+---+---+
 4  | 0 | 1 | 0 | 1 | 0 | 1 | 1 | 0 |
    +---+---+---+---+---+---+---+---+
 5  | 1 | 1 | 0 | 0 | 1 | 0 | 0 | 1 |
    +---+---+---+---+---+---+---+---+
 6  | 0 | 0 | 1 | 0 | 1 | 0 | 1 | 1 |
    +---+---+---+---+---+---+---+---+
 7  | 1 | 0 | 1 | 1 | 0 | 1 | 0 | 0 |
    +---+---+---+---+---+---+---+---+
```

Puzzle: BINARY - Difficulty: PRINCIPAL

	0	1	2	3	4	5	6	7
0	1	0		0			1	0
1	0			1				
2	1		0	1	0	1		
3	0	1		0			1	0
4				1	0	1	1	
5		1			1		0	
6	0		1	0		1	0	1
7	1	0				0	1	

Solution:

	0	1	2	3	4	5	6	7
0	1	0	1	0	1	0	1	0
1	0	1	0	1	0	1	0	1
2	1	0	0	1	0	1	0	1
3	0	1	1	0	1	0	1	0
4	1	0	0	1	0	1	1	0
5	0	1	0	1	1	0	0	1
6	0	1	1	0	0	1	0	1
7	1	0	1	0	1	0	1	0

Puzzle: OCTAL - Difficulty: JUNIOR

```
      0   1   2   3   4   5   6   7
    +---+---+---+---+---+---+---+---+
0   | 1 | 6 | 7 | 5 | 4 | 3 | 2 |   |
    +---+---+---+---+---+---+---+---+
1   | 7 |   | 5 | 4 | 3 | 6 | 0 |   |
    +---+---+---+---+---+---+---+---+
2   |   | 7 | 6 | 3 | 2 | 0 | 4 | 1 |
    +---+---+---+---+---+---+---+---+
3   | 6 | 4 | 2 | 7 | 0 | 1 |   | 3 |
    +---+---+---+---+---+---+---+---+
4   | 4 | 3 | 1 | 0 | 6 | 2 | 7 |   |
    +---+---+---+---+---+---+---+---+
5   | 3 | 5 | 0 | 2 |   | 4 | 1 | 6 |
    +---+---+---+---+---+---+---+---+
6   | 2 |   | 3 |   | 5 | 7 | 6 |   |
    +---+---+---+---+---+---+---+---+
7   | 0 | 2 | 4 | 6 | 1 | 5 | 3 | 7 |
    +---+---+---+---+---+---+---+---+
```

Solution:

```
      0   1   2   3   4   5   6   7
    +---+---+---+---+---+---+---+---+
0   | 1 | 6 | 7 | 5 | 4 | 3 | 2 | 0 |
    +---+---+---+---+---+---+---+---+
1   | 7 | 1 | 5 | 4 | 3 | 6 | 0 | 2 |
    +---+---+---+---+---+---+---+---+
2   | 5 | 7 | 6 | 3 | 2 | 0 | 4 | 1 |
    +---+---+---+---+---+---+---+---+
3   | 6 | 4 | 2 | 7 | 0 | 1 | 5 | 3 |
    +---+---+---+---+---+---+---+---+
4   | 4 | 3 | 1 | 0 | 6 | 2 | 7 | 5 |
    +---+---+---+---+---+---+---+---+
5   | 3 | 5 | 0 | 2 | 7 | 4 | 1 | 6 |
    +---+---+---+---+---+---+---+---+
6   | 2 | 0 | 3 | 1 | 5 | 7 | 6 | 4 |
    +---+---+---+---+---+---+---+---+
7   | 0 | 2 | 4 | 6 | 1 | 5 | 3 | 7 |
    +---+---+---+---+---+---+---+---+
```

Puzzle: OCTAL - Difficulty: JUNIOR

	0	1	2	3	4	5	6	7
0	7	6	4	2	0	3	1	5
1		1		5		2	7	3
2	5	7	3	4	1	0	2	
3	4	0		6	2	7	3	1
4	6	3		1	7	5	4	0
5	1		7		3	4	6	2
6			0	7	6	1	5	4
7	2	4	1	3	5	6	0	7

Solution:

	0	1	2	3	4	5	6	7
0	7	6	4	2	0	3	1	5
1	0	1	6	5	4	2	7	3
2	5	7	3	4	1	0	2	6
3	4	0	5	6	2	7	3	1
4	6	3	2	1	7	5	4	0
5	1	5	7	0	3	4	6	2
6	3	2	0	7	6	1	5	4
7	2	4	1	3	5	6	0	7

Puzzle: OCTAL - Difficulty: JUNIOR

```
       0   1   2   3   4   5   6   7
     +---+---+---+---+---+---+---+---+
  0  |   |   | 5 | 2 | 6 |   | 4 | 3 |
     +---+---+---+---+---+---+---+---+
  1  | 7 | 4 | 2 | 5 | 0 | 1 | 3 |   |
     +---+---+---+---+---+---+---+---+
  2  | 5 | 3 | 7 | 0 | 1 | 6 | 2 | 4 |
     +---+---+---+---+---+---+---+---+
  3  | 2 | 0 | 4 | 7 | 5 | 3 |   | 1 |
     +---+---+---+---+---+---+---+---+
  4  | 6 |   | 1 | 3 | 2 |   | 7 | 0 |
     +---+---+---+---+---+---+---+---+
  5  | 4 | 2 |   | 1 | 3 | 5 |   | 7 |
     +---+---+---+---+---+---+---+---+
  6  | 0 | 6 | 3 |   | 7 | 2 | 1 | 5 |
     +---+---+---+---+---+---+---+---+
  7  | 3 | 1 | 0 | 6 | 4 | 7 | 5 | 2 |
     +---+---+---+---+---+---+---+---+
```

Solution:

```
      0   1   2   3   4   5   6   7
    +---+---+---+---+---+---+---+---+
 0  | 1 | 7 | 5 | 2 | 6 | 0 | 4 | 3 |
    +---+---+---+---+---+---+---+---+
 1  | 7 | 4 | 2 | 5 | 0 | 1 | 3 | 6 |
    +---+---+---+---+---+---+---+---+
 2  | 5 | 3 | 7 | 0 | 1 | 6 | 2 | 4 |
    +---+---+---+---+---+---+---+---+
 3  | 2 | 0 | 4 | 7 | 5 | 3 | 6 | 1 |
    +---+---+---+---+---+---+---+---+
 4  | 6 | 5 | 1 | 3 | 2 | 4 | 7 | 0 |
    +---+---+---+---+---+---+---+---+
 5  | 4 | 2 | 6 | 1 | 3 | 5 | 0 | 7 |
    +---+---+---+---+---+---+---+---+
 6  | 0 | 6 | 3 | 4 | 7 | 2 | 1 | 5 |
    +---+---+---+---+---+---+---+---+
 7  | 3 | 1 | 0 | 6 | 4 | 7 | 5 | 2 |
    +---+---+---+---+---+---+---+---+
```

Puzzle: OCTAL - Difficulty: JUNIOR

	0	1	2	3	4	5	6	7
0			5	2	6		4	3
1	7	4	2	5	0	1	3	
2	5	3	7	0	1	6	2	4
3	2	0	4	7	5	3		1
4	6		1	3	2		7	0
5	4	2		1	3	5		7
6	0	6	3		7	2	1	5
7	3	1	0	6	4	7	5	2

Solution:

	0	1	2	3	4	5	6	7
0	1	7	5	2	6	0	4	3
1	7	4	2	5	0	1	3	6
2	5	3	7	0	1	6	2	4
3	2	0	4	7	5	3	6	1
4	6	5	1	3	2	4	7	0
5	4	2	6	1	3	5	0	7
6	0	6	3	4	7	2	1	5
7	3	1	0	6	4	7	5	2

Puzzle: OCTAL - Difficulty: STAFF

```
      0   1   2   3   4   5   6   7
    +---+---+---+---+---+---+---+---+
 0  | 1 | 0 | 7 | 5 | 4 | 6 | 3 |   |
    +---+---+---+---+---+---+---+---+
 1  |   |   |   | 0 |   | 3 | 7 |   |
    +---+---+---+---+---+---+---+---+
 2  |   | 4 | 6 | 1 | 5 | 7 | 0 |   |
    +---+---+---+---+---+---+---+---+
 3  | 4 | 6 |   | 7 | 1 | 2 |   | 0 |
    +---+---+---+---+---+---+---+---+
 4  | 7 | 5 |   | 3 | 6 | 1 | 2 |   |
    +---+---+---+---+---+---+---+---+
 5  | 0 |   | 5 |   |   | 4 | 1 | 6 |
    +---+---+---+---+---+---+---+---+
 6  |   |   | 2 |   |   | 5 | 6 |   |
    +---+---+---+---+---+---+---+---+
 7  | 5 | 2 | 1 | 6 | 3 | 0 | 4 | 7 |
    +---+---+---+---+---+---+---+---+
```

Solution:

```
      0   1   2   3   4   5   6   7
    +---+---+---+---+---+---+---+---+
 0  | 1 | 0 | 7 | 5 | 4 | 6 | 3 | 2 |
    +---+---+---+---+---+---+---+---+
 1  | 6 | 1 | 4 | 0 | 2 | 3 | 7 | 5 |
    +---+---+---+---+---+---+---+---+
 2  | 2 | 4 | 6 | 1 | 5 | 7 | 0 | 3 |
    +---+---+---+---+---+---+---+---+
 3  | 4 | 6 | 3 | 7 | 1 | 2 | 5 | 0 |
    +---+---+---+---+---+---+---+---+
 4  | 7 | 5 | 0 | 3 | 6 | 1 | 2 | 4 |
    +---+---+---+---+---+---+---+---+
 5  | 0 | 3 | 5 | 2 | 7 | 4 | 1 | 6 |
    +---+---+---+---+---+---+---+---+
 6  | 3 | 7 | 2 | 4 | 0 | 5 | 6 | 1 |
    +---+---+---+---+---+---+---+---+
 7  | 5 | 2 | 1 | 6 | 3 | 0 | 4 | 7 |
    +---+---+---+---+---+---+---+---+
```

Puzzle: OCTAL - Difficulty: STAFF

	0	1	2	3	4	5	6	7
0			4		0		1	5
1	0			5	4	2	7	
2	5		3	4	1	0	2	6
3	4	0	5		2	7		
4			2	1	7		4	0
5	1	5		0	3	4		2
6	3	2			6		5	4
7		4	1	3	5	6	0	7

Solution:

	0	1	2	3	4	5	6	7
0	7	6	4	2	0	3	1	5
1	0	1	6	5	4	2	7	3
2	5	7	3	4	1	0	2	6
3	4	0	5	6	2	7	3	1
4	6	3	2	1	7	5	4	0
5	1	5	7	0	3	4	6	2
6	3	2	0	7	6	1	5	4
7	2	4	1	3	5	6	0	7

Puzzle: OCTAL - Difficulty: STAFF

	0	1	2	3	4	5	6	7
0		5		6	2		1	4
1	3		5			6	4	
2		3	2	7	6		5	
3	7	2	6	1			3	5
4	1	7			5	2	0	
5	2	6	4	0	1	5	7	
6	5		1	3	4		6	
7	6	4	0	5	3	1	2	

Solution:

	0	1	2	3	4	5	6	7
0	0	5	7	6	2	3	1	4
1	3	1	5	2	7	6	4	0
2	4	3	2	7	6	0	5	1
3	7	2	6	1	0	4	3	5
4	1	7	3	4	5	2	0	6
5	2	6	4	0	1	5	7	3
6	5	0	1	3	4	7	6	2
7	6	4	0	5	3	1	2	7

Puzzle: OCTAL - Difficulty: STAFF

	0	1	2	3	4	5	6	7
0	1	7	5	2	6	0		3
1	7	4	2		0	1	3	6
2	5		7		1			4
3	2	0		7	5		6	1
4			1			4	7	0
5		2	6	1	3	5		7
6		6			7	2	1	5
7	3	1	0	6	4			

Solution:

	0	1	2	3	4	5	6	7
0	1	7	5	2	6	0	4	3
1	7	4	2	5	0	1	3	6
2	5	3	7	0	1	6	2	4
3	2	0	4	7	5	3	6	1
4	6	5	1	3	2	4	7	0
5	4	2	6	1	3	5	0	7
6	0	6	3	4	7	2	1	5
7	3	1	0	6	4	7	5	2

Puzzle: OCTAL - Difficulty: PRINCIPAL

	0	1	2	3	4	5	6	7
0	1		7		4		3	
1				0		3	7	
2			6	1	5	7	0	
3	4	6		7	1	2		0
4				3	6		2	
5	0					4	1	6
6						5	6	
7		2	1	6	3	0	4	7

Solution:

	0	1	2	3	4	5	6	7
0	1	0	7	5	4	6	3	2
1	6	1	4	0	2	3	7	5
2	2	4	6	1	5	7	0	3
3	4	6	3	7	1	2	5	0
4	7	5	0	3	6	1	2	4
5	0	3	5	2	7	4	1	6
6	3	7	2	4	0	5	6	1
7	5	2	1	6	3	0	4	7

Puzzle: OCTAL - Difficulty: PRINCIPAL

```
      0   1   2   3   4   5   6   7
    +---+---+---+---+---+---+---+---+
0 |   | 6 |   | 2 | 0 |   |   | 5 |
    +---+---+---+---+---+---+---+---+
1 | 0 |   | 6 |   |   | 2 | 7 |   |
    +---+---+---+---+---+---+---+---+
2 |   | 7 | 3 | 4 | 1 |   | 2 |   |
    +---+---+---+---+---+---+---+---+
3 | 4 | 0 | 5 |   |   |   | 3 |   |
    +---+---+---+---+---+---+---+---+
4 |   |   |   |   |   | 5 | 4 |   |
    +---+---+---+---+---+---+---+---+
5 | 1 | 5 | 7 | 0 | 3 | 4 |   |   |
    +---+---+---+---+---+---+---+---+
6 | 3 |   | 0 |   | 6 |   | 5 |   |
    +---+---+---+---+---+---+---+---+
7 | 2 | 4 | 1 | 3 | 5 |   |   |   |
    +---+---+---+---+---+---+---+---+
```

Solution:

```
      0   1   2   3   4   5   6   7
    +---+---+---+---+---+---+---+---+
0 | 7 | 6 | 4 | 2 | 0 | 3 | 1 | 5 |
    +---+---+---+---+---+---+---+---+
1 | 0 | 1 | 6 | 5 | 4 | 2 | 7 | 3 |
    +---+---+---+---+---+---+---+---+
2 | 5 | 7 | 3 | 4 | 1 | 0 | 2 | 6 |
    +---+---+---+---+---+---+---+---+
3 | 4 | 0 | 5 | 6 | 2 | 7 | 3 | 1 |
    +---+---+---+---+---+---+---+---+
4 | 6 | 3 | 2 | 1 | 7 | 5 | 4 | 0 |
    +---+---+---+---+---+---+---+---+
5 | 1 | 5 | 7 | 0 | 3 | 4 | 6 | 2 |
    +---+---+---+---+---+---+---+---+
6 | 3 | 2 | 0 | 7 | 6 | 1 | 5 | 4 |
    +---+---+---+---+---+---+---+---+
7 | 2 | 4 | 1 | 3 | 5 | 6 | 0 | 7 |
    +---+---+---+---+---+---+---+---+
```

Puzzle: OCTAL - Difficulty: PRINCIPAL

```
      0   1   2   3   4   5   6   7
    +---+---+---+---+---+---+---+---+
0   | 0 | 5 | 7 | 6 | 2 | 3 |   |   |
    +---+---+---+---+---+---+---+---+
1   | 3 | 1 |   |   | 7 |   | 4 | 0 |
    +---+---+---+---+---+---+---+---+
2   | 4 |   | 2 |   | 6 |   |   | 1 |
    +---+---+---+---+---+---+---+---+
3   | 7 |   |   |   |   |   | 3 |   |
    +---+---+---+---+---+---+---+---+
4   |   | 7 | 3 |   |   |   |   | 6 |
    +---+---+---+---+---+---+---+---+
5   |   | 6 | 4 | 0 | 1 | 5 |   | 3 |
    +---+---+---+---+---+---+---+---+
6   |   | 0 |   |   | 4 | 7 | 6 |   |
    +---+---+---+---+---+---+---+---+
7   |   | 4 | 0 | 5 | 3 |   |   |   |
    +---+---+---+---+---+---+---+---+
```

Solution:

```
      0   1   2   3   4   5   6   7
    +---+---+---+---+---+---+---+---+
0   | 0 | 5 | 7 | 6 | 2 | 3 | 1 | 4 |
    +---+---+---+---+---+---+---+---+
1   | 3 | 1 | 5 | 2 | 7 | 6 | 4 | 0 |
    +---+---+---+---+---+---+---+---+
2   | 4 | 3 | 2 | 7 | 6 | 0 | 5 | 1 |
    +---+---+---+---+---+---+---+---+
3   | 7 | 2 | 6 | 1 | 0 | 4 | 3 | 5 |
    +---+---+---+---+---+---+---+---+
4   | 1 | 7 | 3 | 4 | 5 | 2 | 0 | 6 |
    +---+---+---+---+---+---+---+---+
5   | 2 | 6 | 4 | 0 | 1 | 5 | 7 | 3 |
    +---+---+---+---+---+---+---+---+
6   | 5 | 0 | 1 | 3 | 4 | 7 | 6 | 2 |
    +---+---+---+---+---+---+---+---+
7   | 6 | 4 | 0 | 5 | 3 | 1 | 2 | 7 |
    +---+---+---+---+---+---+---+---+
```

Puzzle: OCTAL - Difficulty: PRINCIPAL

	0	1	2	3	4	5	6	7
0			4		5	7	3	0
1		4			0	1		
2		3	7		1	4	0	6
3		0						
4		5	0		2		7	4
5	7	1				5	6	
6	4	2		6	7	0	1	5
7		7		4				2

Solution:

	0	1	2	3	4	5	6	7
0	1	6	4	2	5	7	3	0
1	6	4	5	3	0	1	2	7
2	2	3	7	5	1	4	0	6
3	5	0	6	7	3	2	4	1
4	3	5	0	1	2	6	7	4
5	7	1	2	0	4	5	6	3
6	4	2	3	6	7	0	1	5
7	0	7	1	4	6	3	5	2

Puzzle: HEXADECIMAL - Difficulty: JUNIOR

	0	1	2	3	4	5	6	7	8	9	A	B	C	D	E	F
0	E	F		C	B	A	9		7	6	5	4		1	0	2
1	F	3	C	E	A	D	B	9	8	7	6		4	2	1	0
2	D	C	7	A	E	B	F	6	5	9	8	0	1	4	2	3
3	C	E	B	D	9	F			A		1	6	2	0	3	4
4	B	A	E	9		C	8	D	3	1	7	2	0		4	5
5	A	D	9	B	C	8	E	4	1	2	0	3	7	F		6
6	9	B	F	8		4	A	1	0	3	2	E		5	C	7
7	8	9	A	0	7	3	1	E	2	4	F		5	C	6	B
8	7	8	5	F	6	1	2	3	B	0	4		E	A	D	9
9		7	8	3	1	E		2	4	5	D	9	C	B	F	A
A	5	6	1	7	4	2	D	0	F	C	3	B	A		8	E
B	4	5	6	2	8	0	3	F	E		A	1	B	7	9	C
C	3	4	0	1	2	5	C	B	6	E	9	A	F	8	7	D
D	2	1	4	6	0	7	5	A	D	B	C	8	9	3	E	F
E	1	0	2		3	6	4	C	9	F	B	7	D	E	A	8
F	0	2	3	4	5	9	6	7	C	A	E	F	8	D	B	

Solution:

```
     0   1   2   3   4   5   6   7   8   9   A   B   C   D   E   F
   +---+---+---+---+---+---+---+---+---+---+---+---+---+---+---+---+
0  | E | F | D | C | B | A | 9 | 8 | 7 | 6 | 5 | 4 | 3 | 1 | 0 | 2 |
   +---+---+---+---+---+---+---+---+---+---+---+---+---+---+---+---+
1  | F | 3 | C | E | A | D | B | 9 | 8 | 7 | 6 | 5 | 4 | 2 | 1 | 0 |
   +---+---+---+---+---+---+---+---+---+---+---+---+---+---+---+---+
2  | D | C | 7 | A | E | B | F | 6 | 5 | 9 | 8 | 0 | 1 | 4 | 2 | 3 |
   +---+---+---+---+---+---+---+---+---+---+---+---+---+---+---+---+
3  | C | E | B | D | 9 | F | 7 | 5 | A | 8 | 1 | 6 | 2 | 0 | 3 | 4 |
   +---+---+---+---+---+---+---+---+---+---+---+---+---+---+---+---+
4  | B | A | E | 9 | F | C | 8 | D | 3 | 1 | 7 | 2 | 0 | 6 | 4 | 5 |
   +---+---+---+---+---+---+---+---+---+---+---+---+---+---+---+---+
5  | A | D | 9 | B | C | 8 | E | 4 | 1 | 2 | 0 | 3 | 7 | F | 5 | 6 |
   +---+---+---+---+---+---+---+---+---+---+---+---+---+---+---+---+
6  | 9 | B | F | 8 | D | 4 | A | 1 | 0 | 3 | 2 | E | 6 | 5 | C | 7 |
   +---+---+---+---+---+---+---+---+---+---+---+---+---+---+---+---+
7  | 8 | 9 | A | 0 | 7 | 3 | 1 | E | 2 | 4 | F | D | 5 | C | 6 | B |
   +---+---+---+---+---+---+---+---+---+---+---+---+---+---+---+---+
8  | 7 | 8 | 5 | F | 6 | 1 | 2 | 3 | B | 0 | 4 | C | E | A | D | 9 |
   +---+---+---+---+---+---+---+---+---+---+---+---+---+---+---+---+
9  | 6 | 7 | 8 | 3 | 1 | E | 0 | 2 | 4 | 5 | D | 9 | C | B | F | A |
   +---+---+---+---+---+---+---+---+---+---+---+---+---+---+---+---+
A  | 5 | 6 | 1 | 7 | 4 | 2 | D | 0 | F | C | 3 | B | A | 9 | 8 | E |
   +---+---+---+---+---+---+---+---+---+---+---+---+---+---+---+---+
B  | 4 | 5 | 6 | 2 | 8 | 0 | 3 | F | E | D | A | 1 | B | 7 | 9 | C |
   +---+---+---+---+---+---+---+---+---+---+---+---+---+---+---+---+
C  | 3 | 4 | 0 | 1 | 2 | 5 | C | B | 6 | E | 9 | A | F | 8 | 7 | D |
   +---+---+---+---+---+---+---+---+---+---+---+---+---+---+---+---+
D  | 2 | 1 | 4 | 6 | 0 | 7 | 5 | A | D | B | C | 8 | 9 | 3 | E | F |
   +---+---+---+---+---+---+---+---+---+---+---+---+---+---+---+---+
E  | 1 | 0 | 2 | 5 | 3 | 6 | 4 | C | 9 | F | B | 7 | D | E | A | 8 |
   +---+---+---+---+---+---+---+---+---+---+---+---+---+---+---+---+
F  | 0 | 2 | 3 | 4 | 5 | 9 | 6 | 7 | C | A | E | F | 8 | D | B | 1 |
   +---+---+---+---+---+---+---+---+---+---+---+---+---+---+---+---+
```

Puzzle: HEXADECIMAL - Difficulty: JUNIOR

```
      0   1   2   3   4   5   6   7   8   9   A   B   C   D   E   F
    +---+---+---+---+---+---+---+---+---+---+---+---+---+---+---+---+
 0  | 1 |   | 0 | B | 6 | 7 | 5 | F | 4 | 2 | D | C | 3 |   | 9 | 8 |
    +---+---+---+---+---+---+---+---+---+---+---+---+---+---+---+---+
 1  | 7 | 3 | F | 4 | 9 | E |   | D | 1 | 5 | 0 | 6 | A | B | 8 | C |
    +---+---+---+---+---+---+---+---+---+---+---+---+---+---+---+---+
 2  | 8 | 9 | 5 | 7 | 4 | 6 |   | C | E | A | 3 | D | 2 | F | B | 0 |
    +---+---+---+---+---+---+---+---+---+---+---+---+---+---+---+---+
 3  | 3 | 0 | E | 2 | 8 | D | 6 | 5 | B | 1 | 7 | 4 | C | A | F | 9 |
    +---+---+---+---+---+---+---+---+---+---+---+---+---+---+---+---+
 4  | 6 |   | 8 | 5 | B | F | C | 4 | 0 | 7 | 9 | A | D | 3 | 2 | E |
    +---+---+---+---+---+---+---+---+---+---+---+---+---+---+---+---+
 5  | 2 | 5 | 6 | 3 | 7 | A | E | 1 | F | 8 | C | 0 | B | 9 | D | 4 |
    +---+---+---+---+---+---+---+---+---+---+---+---+---+---+---+---+
 6  | 5 | C | 4 | 6 | E | 1 | D | 0 | 3 | B | 8 | 2 | 9 | 7 |   | F |
    +---+---+---+---+---+---+---+---+---+---+---+---+---+---+---+---+
 7  | C | 4 | D | 1 |   | 5 | 0 | E |   | 3 | B | 9 | 7 | 8 | 6 |   |
    +---+---+---+---+---+---+---+---+---+---+---+---+---+---+---+---+
 8  |   | F | B |   | A | 9 | 3 | 2 | D |   | 1 | 8 | 5 | 4 | 7 | 6 |
    +---+---+---+---+---+---+---+---+---+---+---+---+---+---+---+---+
 9  | D | 2 | 9 | 0 | C | B | 4 | 3 | A |   | F | 1 | 8 | 6 | 5 | 7 |
    +---+---+---+---+---+---+---+---+---+---+---+---+---+---+---+---+
 A  | F | E | 7 | D | 2 | C | 8 | B | 5 |   | A | 3 | 6 | 0 | 4 | 1 |
    +---+---+---+---+---+---+---+---+---+---+---+---+---+---+---+---+
 B  | A | 7 | C | F | D | 8 | B | 6 | 9 | 4 | 2 | E | 0 | 1 | 3 | 5 |
    +---+---+---+---+---+---+---+---+---+---+---+---+---+---+---+---+
 C  | B | 8 | 3 | E | 1 | 2 | A | 9 | C | F |   | 7 | 4 | 5 | 0 | D |
    +---+---+---+---+---+---+---+---+---+---+---+---+---+---+---+---+
 D  | 9 | B | 2 | A | 5 | 0 | 7 | 8 | 6 | C | 4 | F | E | D | 1 | 3 |
    +---+---+---+---+---+---+---+---+---+---+---+---+---+---+---+---+
 E  | 4 | 6 | A | 9 | 0 | 3 | F | 7 |   | D | E | 5 | 1 |   | C | B |
    +---+---+---+---+---+---+---+---+---+---+---+---+---+---+---+---+
 F  | 0 | D | 1 | 8 | 3 | 4 | 9 | A | 7 | 6 |   | B | F | C |   |   |
    +---+---+---+---+---+---+---+---+---+---+---+---+---+---+---+---+
```

31

Solution:

	0	1	2	3	4	5	6	7	8	9	A	B	C	D	E	F
0	1	A	0	B	6	7	5	F	4	2	D	C	3	E	9	8
1	7	3	F	4	9	E	2	D	1	5	0	6	A	B	8	C
2	8	9	5	7	4	6	1	C	E	A	3	D	2	F	B	0
3	3	0	E	2	8	D	6	5	B	1	7	4	C	A	F	9
4	6	1	8	5	B	F	C	4	0	7	9	A	D	3	2	E
5	2	5	6	3	7	A	E	1	F	8	C	0	B	9	D	4
6	5	C	4	6	E	1	D	0	3	B	8	2	9	7	A	F
7	C	4	D	1	F	5	0	E	2	3	B	9	7	8	6	A
8	E	F	B	C	A	9	3	2	D	0	1	8	5	4	7	6
9	D	2	9	0	C	B	4	3	A	E	F	1	8	6	5	7
A	F	E	7	D	2	C	8	B	5	9	A	3	6	0	4	1
B	A	7	C	F	D	8	B	6	9	4	2	E	0	1	3	5
C	B	8	3	E	1	2	A	9	C	F	6	7	4	5	0	D
D	9	B	2	A	5	0	7	8	6	C	4	F	E	D	1	3
E	4	6	A	9	0	3	F	7	8	D	E	5	1	2	C	B
F	0	D	1	8	3	4	9	A	7	6	5	B	F	C	E	2

Puzzle: HEXADECIMAL - Difficulty: JUNIOR

	0	1	2	3	4	5	6	7	8	9	A	B	C	D	E	F
0	3	E	F	D	C	B	A	9	0	8	7	6	5	4	2	1
1	E	9	D	F	A	C	B	8	7		5	4	2	3	1	0
2	F	D	E	A	B	9	C	6	8	7		5	3	1	0	2
3	D	F	C	E	9	8	7	B	A	5	6	2	1	0		3
4	C	A	B	9		F	8	7	D	E	2	1	0	6		5
5	B	C	9	8	F	A	E	D	3	2	1	0	6	7		
6	A	B	8	C	7	6	3	5	2	1	0	F	4	E	D	9
7	9	8	6	7	E	D	2	4	1	0		3	A	5	C	B
8	8	7	A	5	D	2	1	0	6	4	3			B	9	
9		6	5	2	8	1	0	3	4		E	C	B	9	F	A
A	6	5	7	B	1	0	4	2	E	3	C	A	9		8	F
B	5	2	4	6	0	3	F	1	C	A	9	7	D	8	B	
C	2	4	1		3	E	D	F	5	B	8	9	C	A	6	7
D	4	3	0	1	6	5	9	E	F	C	A	B			7	D
E	1	0	3	4	2	7	5	C	B	9	D	8	E	F	A	6
F	0	1		3	5	4	6	A	9	F	B	D	7	C		8

Solution:

```
     0   1   2   3   4   5   6   7   8   9   A   B   C   D   E   F
   +---+---+---+---+---+---+---+---+---+---+---+---+---+---+---+---+
 0 | 3 | E | F | D | C | B | A | 9 | 0 | 8 | 7 | 6 | 5 | 4 | 2 | 1 |
   +---+---+---+---+---+---+---+---+---+---+---+---+---+---+---+---+
 1 | E | 9 | D | F | A | C | B | 8 | 7 | 6 | 5 | 4 | 2 | 3 | 1 | 0 |
   +---+---+---+---+---+---+---+---+---+---+---+---+---+---+---+---+
 2 | F | D | E | A | B | 9 | C | 6 | 8 | 7 | 4 | 5 | 3 | 1 | 0 | 2 |
   +---+---+---+---+---+---+---+---+---+---+---+---+---+---+---+---+
 3 | D | F | C | E | 9 | 8 | 7 | B | A | 5 | 6 | 2 | 1 | 0 | 4 | 3 |
   +---+---+---+---+---+---+---+---+---+---+---+---+---+---+---+---+
 4 | C | A | B | 9 | 4 | F | 8 | 7 | D | E | 2 | 1 | 0 | 6 | 3 | 5 |
   +---+---+---+---+---+---+---+---+---+---+---+---+---+---+---+---+
 5 | B | C | 9 | 8 | F | A | E | D | 3 | 2 | 1 | 0 | 6 | 7 | 5 | 4 |
   +---+---+---+---+---+---+---+---+---+---+---+---+---+---+---+---+
 6 | A | B | 8 | C | 7 | 6 | 3 | 5 | 2 | 1 | 0 | F | 4 | E | D | 9 |
   +---+---+---+---+---+---+---+---+---+---+---+---+---+---+---+---+
 7 | 9 | 8 | 6 | 7 | E | D | 2 | 4 | 1 | 0 | F | 3 | A | 5 | C | B |
   +---+---+---+---+---+---+---+---+---+---+---+---+---+---+---+---+
 8 | 8 | 7 | A | 5 | D | 2 | 1 | 0 | 6 | 4 | 3 | E | F | B | 9 | C |
   +---+---+---+---+---+---+---+---+---+---+---+---+---+---+---+---+
 9 | 7 | 6 | 5 | 2 | 8 | 1 | 0 | 3 | 4 | D | E | C | B | 9 | F | A |
   +---+---+---+---+---+---+---+---+---+---+---+---+---+---+---+---+
 A | 6 | 5 | 7 | B | 1 | 0 | 4 | 2 | E | 3 | C | A | 9 | D | 8 | F |
   +---+---+---+---+---+---+---+---+---+---+---+---+---+---+---+---+
 B | 5 | 2 | 4 | 6 | 0 | 3 | F | 1 | C | A | 9 | 7 | D | 8 | B | E |
   +---+---+---+---+---+---+---+---+---+---+---+---+---+---+---+---+
 C | 2 | 4 | 1 | 0 | 3 | E | D | F | 5 | B | 8 | 9 | C | A | 6 | 7 |
   +---+---+---+---+---+---+---+---+---+---+---+---+---+---+---+---+
 D | 4 | 3 | 0 | 1 | 6 | 5 | 9 | E | F | C | A | B | 8 | 2 | 7 | D |
   +---+---+---+---+---+---+---+---+---+---+---+---+---+---+---+---+
 E | 1 | 0 | 3 | 4 | 2 | 7 | 5 | C | B | 9 | D | 8 | E | F | A | 6 |
   +---+---+---+---+---+---+---+---+---+---+---+---+---+---+---+---+
 F | 0 | 1 | 2 | 3 | 5 | 4 | 6 | A | 9 | F | B | D | 7 | C | E | 8 |
   +---+---+---+---+---+---+---+---+---+---+---+---+---+---+---+---+
```

Puzzle: HEXADECIMAL - Difficulty: JUNIOR

	0	1	2	3	4	5	6	7	8	9	A	B	C	D	E	F
0		1	2	8	9	4	D	5	0	7	6		B	F	3	
1	5	0		9	2	6	B	4	E	D	3		8	C	F	7
2	6		8	7	A	F	E	D	B	0	4	9	5	1	C	2
3	B	9	D	4	3	0	F	C	5	8	E	A	2	7	1	6
4		8	4	B			C	E	F	2	5	D	1	A	9	0
5	3	5	1	E	F	8	4	2	D	9	B	C	7	6	0	A
6	4	F	6	5	D	E	2	3	C	B	9	8	A	0		1
7	E	B	F	D	C	5	3	6	4	1	A	7	0	9	2	8
8	C	4	E	F	B	D		0		A	7		3	8	6	9
9	F		7	3	8	C	9	1	A	6	2	0		5	E	B
A		6	5	1	4	B	A	9	7	3	0	F	C	D	8	E
B	D	E	C	0	1	9	7	A	2	F	8	B	6	3	5	4
C	1	C	9		7	A	0	8	3	5	D	6	E	B	4	F
D	0	2	B	6	5	7	1	F	8	E	C	3	9	4	A	D
E	9	A	0	C	E	1	8		6		F	5	D	2	B	3
F	8	7	3	A		2	6	B	9	C	1	4	F	E	D	5

Solution:

```
      0   1   2   3   4   5   6   7   8   9   A   B   C   D   E   F
    +---+---+---+---+---+---+---+---+---+---+---+---+---+---+---+---+
  0 | A | 1 | 2 | 8 | 9 | 4 | D | 5 | 0 | 7 | 6 | E | B | F | 3 | C |
    +---+---+---+---+---+---+---+---+---+---+---+---+---+---+---+---+
  1 | 5 | 0 | A | 9 | 2 | 6 | B | 4 | E | D | 3 | 1 | 8 | C | F | 7 |
    +---+---+---+---+---+---+---+---+---+---+---+---+---+---+---+---+
  2 | 6 | 3 | 8 | 7 | A | F | E | D | B | 0 | 4 | 9 | 5 | 1 | C | 2 |
    +---+---+---+---+---+---+---+---+---+---+---+---+---+---+---+---+
  3 | B | 9 | D | 4 | 3 | 0 | F | C | 5 | 8 | E | A | 2 | 7 | 1 | 6 |
    +---+---+---+---+---+---+---+---+---+---+---+---+---+---+---+---+
  4 | 7 | 8 | 4 | B | 6 | 3 | C | E | F | 2 | 5 | D | 1 | A | 9 | 0 |
    +---+---+---+---+---+---+---+---+---+---+---+---+---+---+---+---+
  5 | 3 | 5 | 1 | E | F | 8 | 4 | 2 | D | 9 | B | C | 7 | 6 | 0 | A |
    +---+---+---+---+---+---+---+---+---+---+---+---+---+---+---+---+
  6 | 4 | F | 6 | 5 | D | E | 2 | 3 | C | B | 9 | 8 | A | 0 | 7 | 1 |
    +---+---+---+---+---+---+---+---+---+---+---+---+---+---+---+---+
  7 | E | B | F | D | C | 5 | 3 | 6 | 4 | 1 | A | 7 | 0 | 9 | 2 | 8 |
    +---+---+---+---+---+---+---+---+---+---+---+---+---+---+---+---+
  8 | C | 4 | E | F | B | D | 5 | 0 | 1 | A | 7 | 2 | 3 | 8 | 6 | 9 |
    +---+---+---+---+---+---+---+---+---+---+---+---+---+---+---+---+
  9 | F | D | 7 | 3 | 8 | C | 9 | 1 | A | 6 | 2 | 0 | 4 | 5 | E | B |
    +---+---+---+---+---+---+---+---+---+---+---+---+---+---+---+---+
  A | 2 | 6 | 5 | 1 | 4 | B | A | 9 | 7 | 3 | 0 | F | C | D | 8 | E |
    +---+---+---+---+---+---+---+---+---+---+---+---+---+---+---+---+
  B | D | E | C | 0 | 1 | 9 | 7 | A | 2 | F | 8 | B | 6 | 3 | 5 | 4 |
    +---+---+---+---+---+---+---+---+---+---+---+---+---+---+---+---+
  C | 1 | C | 9 | 2 | 7 | A | 0 | 8 | 3 | 5 | D | 6 | E | B | 4 | F |
    +---+---+---+---+---+---+---+---+---+---+---+---+---+---+---+---+
  D | 0 | 2 | B | 6 | 5 | 7 | 1 | F | 8 | E | C | 3 | 9 | 4 | A | D |
    +---+---+---+---+---+---+---+---+---+---+---+---+---+---+---+---+
  E | 9 | A | 0 | C | E | 1 | 8 | 7 | 6 | 4 | F | 5 | D | 2 | B | 3 |
    +---+---+---+---+---+---+---+---+---+---+---+---+---+---+---+---+
  F | 8 | 7 | 3 | A | 0 | 2 | 6 | B | 9 | C | 1 | 4 | F | E | D | 5 |
    +---+---+---+---+---+---+---+---+---+---+---+---+---+---+---+---+
```

Puzzle: HEXADECIMAL - Difficulty: STAFF

```
      0   1   2   3   4   5   6   7   8   9   A   B   C   D   E   F
    +---+---+---+---+---+---+---+---+---+---+---+---+---+---+---+---+
  0 | E |   |   | C | B | A | 9 |   | 7 | 6 | 5 | 4 |   |   | 0 | 2 |
    +---+---+---+---+---+---+---+---+---+---+---+---+---+---+---+---+
  1 | F | 3 | C | E | A | D |   | 9 | 8 |   | 6 |   | 4 | 2 | 1 | 0 |
    +---+---+---+---+---+---+---+---+---+---+---+---+---+---+---+---+
  2 | D | C | 7 | A | E | B |   | 6 | 5 | 9 |   | 0 | 1 | 4 | 2 | 3 |
    +---+---+---+---+---+---+---+---+---+---+---+---+---+---+---+---+
  3 | C | E | B | D | 9 | F |   |   | A |   | 1 | 6 | 2 | 0 | 3 | 4 |
    +---+---+---+---+---+---+---+---+---+---+---+---+---+---+---+---+
  4 | B |   | E | 9 |   | C | 8 | D | 3 | 1 | 7 | 2 | 0 |   |   | 5 |
    +---+---+---+---+---+---+---+---+---+---+---+---+---+---+---+---+
  5 | A | D | 9 | B | C | 8 | E | 4 | 1 | 2 | 0 | 3 | 7 | F |   | 6 |
    +---+---+---+---+---+---+---+---+---+---+---+---+---+---+---+---+
  6 | 9 | B | F | 8 |   | 4 | A | 1 | 0 | 3 | 2 | E |   | 5 |   | 7 |
    +---+---+---+---+---+---+---+---+---+---+---+---+---+---+---+---+
  7 | 8 | 9 | A | 0 |   | 3 | 1 | E |   | 4 |   |   | 5 | C | 6 |   |
    +---+---+---+---+---+---+---+---+---+---+---+---+---+---+---+---+
  8 |   | 8 | 5 |   | 6 | 1 | 2 | 3 | B |   | 4 |   | E | A | D | 9 |
    +---+---+---+---+---+---+---+---+---+---+---+---+---+---+---+---+
  9 |   | 7 | 8 | 3 | 1 | E |   | 2 | 4 |   | D | 9 | C | B | F | A |
    +---+---+---+---+---+---+---+---+---+---+---+---+---+---+---+---+
  A | 5 | 6 | 1 | 7 | 4 | 2 | D | 0 | F |   | 3 | B | A |   | 8 | E |
    +---+---+---+---+---+---+---+---+---+---+---+---+---+---+---+---+
  B | 4 | 5 | 6 | 2 | 8 | 0 | 3 | F | E |   | A | 1 | B | 7 | 9 |   |
    +---+---+---+---+---+---+---+---+---+---+---+---+---+---+---+---+
  C | 3 | 4 | 0 | 1 | 2 | 5 | C | B | 6 | E |   | A | F | 8 | 7 | D |
    +---+---+---+---+---+---+---+---+---+---+---+---+---+---+---+---+
  D | 2 | 1 | 4 | 6 | 0 | 7 | 5 | A | D | B | C | 8 | 9 |   | E | F |
    +---+---+---+---+---+---+---+---+---+---+---+---+---+---+---+---+
  E | 1 | 0 | 2 |   | 3 | 6 | 4 | C |   | F | B | 7 | D |   | A | 8 |
    +---+---+---+---+---+---+---+---+---+---+---+---+---+---+---+---+
  F | 0 | 2 | 3 | 4 | 5 | 9 | 6 | 7 | C | A |   | F | 8 | D |   |   |
    +---+---+---+---+---+---+---+---+---+---+---+---+---+---+---+---+
```

Solution:

```
    0   1   2   3   4   5   6   7   8   9   A   B   C   D   E   F
  +---+---+---+---+---+---+---+---+---+---+---+---+---+---+---+---+
0 | E | F | D | C | B | A | 9 | 8 | 7 | 6 | 5 | 4 | 3 | 1 | 0 | 2 |
  +---+---+---+---+---+---+---+---+---+---+---+---+---+---+---+---+
1 | F | 3 | C | E | A | D | B | 9 | 8 | 7 | 6 | 5 | 4 | 2 | 1 | 0 |
  +---+---+---+---+---+---+---+---+---+---+---+---+---+---+---+---+
2 | D | C | 7 | A | E | B | F | 6 | 5 | 9 | 8 | 0 | 1 | 4 | 2 | 3 |
  +---+---+---+---+---+---+---+---+---+---+---+---+---+---+---+---+
3 | C | E | B | D | 9 | F | 7 | 5 | A | 8 | 1 | 6 | 2 | 0 | 3 | 4 |
  +---+---+---+---+---+---+---+---+---+---+---+---+---+---+---+---+
4 | B | A | E | 9 | F | C | 8 | D | 3 | 1 | 7 | 2 | 0 | 6 | 4 | 5 |
  +---+---+---+---+---+---+---+---+---+---+---+---+---+---+---+---+
5 | A | D | 9 | B | C | 8 | E | 4 | 1 | 2 | 0 | 3 | 7 | F | 5 | 6 |
  +---+---+---+---+---+---+---+---+---+---+---+---+---+---+---+---+
6 | 9 | B | F | 8 | D | 4 | A | 1 | 0 | 3 | 2 | E | 6 | 5 | C | 7 |
  +---+---+---+---+---+---+---+---+---+---+---+---+---+---+---+---+
7 | 8 | 9 | A | 0 | 7 | 3 | 1 | E | 2 | 4 | F | D | 5 | C | 6 | B |
  +---+---+---+---+---+---+---+---+---+---+---+---+---+---+---+---+
8 | 7 | 8 | 5 | F | 6 | 1 | 2 | 3 | B | 0 | 4 | C | E | A | D | 9 |
  +---+---+---+---+---+---+---+---+---+---+---+---+---+---+---+---+
9 | 6 | 7 | 8 | 3 | 1 | E | 0 | 2 | 4 | 5 | D | 9 | C | B | F | A |
  +---+---+---+---+---+---+---+---+---+---+---+---+---+---+---+---+
A | 5 | 6 | 1 | 7 | 4 | 2 | D | 0 | F | C | 3 | B | A | 9 | 8 | E |
  +---+---+---+---+---+---+---+---+---+---+---+---+---+---+---+---+
B | 4 | 5 | 6 | 2 | 8 | 0 | 3 | F | E | D | A | 1 | B | 7 | 9 | C |
  +---+---+---+---+---+---+---+---+---+---+---+---+---+---+---+---+
C | 3 | 4 | 0 | 1 | 2 | 5 | C | B | 6 | E | 9 | A | F | 8 | 7 | D |
  +---+---+---+---+---+---+---+---+---+---+---+---+---+---+---+---+
D | 2 | 1 | 4 | 6 | 0 | 7 | 5 | A | D | B | C | 8 | 9 | 3 | E | F |
  +---+---+---+---+---+---+---+---+---+---+---+---+---+---+---+---+
E | 1 | 0 | 2 | 5 | 3 | 6 | 4 | C | 9 | F | B | 7 | D | E | A | 8 |
  +---+---+---+---+---+---+---+---+---+---+---+---+---+---+---+---+
F | 0 | 2 | 3 | 4 | 5 | 9 | 6 | 7 | C | A | E | F | 8 | D | B | 1 |
  +---+---+---+---+---+---+---+---+---+---+---+---+---+---+---+---+
```

Puzzle: HEXADECIMAL – Difficulty: STAFF

```
      0   1   2   3   4   5   6   7   8   9   A   B   C   D   E   F
    +---+---+---+---+---+---+---+---+---+---+---+---+---+---+---+---+
 0  |   | A | 0 | B | 6 | 7 | 5 | F | 4 | 2 | D |   | 3 | E | 9 |   |
    +---+---+---+---+---+---+---+---+---+---+---+---+---+---+---+---+
 1  | 7 | 3 |   | 4 | 9 | E | 2 | D | 1 | 5 | 0 |   | A | B | 8 | C |
    +---+---+---+---+---+---+---+---+---+---+---+---+---+---+---+---+
 2  | 8 |   | 5 | 7 | 4 | 6 | 1 | C |   | A | 3 | D | 2 | F | B | 0 |
    +---+---+---+---+---+---+---+---+---+---+---+---+---+---+---+---+
 3  | 3 | 0 | E | 2 | 8 | D | 6 | 5 | B | 1 | 7 | 4 | C | A |   | 9 |
    +---+---+---+---+---+---+---+---+---+---+---+---+---+---+---+---+
 4  |   | 1 | 8 | 5 |   |   | C | 4 | 0 | 7 | 9 | A | D | 3 | 2 | E |
    +---+---+---+---+---+---+---+---+---+---+---+---+---+---+---+---+
 5  | 2 | 5 | 6 | 3 | 7 | A | E | 1 |   | 8 | C | 0 | B | 9 |   |   |
    +---+---+---+---+---+---+---+---+---+---+---+---+---+---+---+---+
 6  | 5 | C | 4 | 6 | E | 1 | D | 0 | 3 | B | 8 | 2 |   | 7 |   | F |
    +---+---+---+---+---+---+---+---+---+---+---+---+---+---+---+---+
 7  | C | 4 | D | 1 | F | 5 | 0 | E | 2 | 3 | B | 9 | 7 | 8 |   | A |
    +---+---+---+---+---+---+---+---+---+---+---+---+---+---+---+---+
 8  | E | F |   | C | A | 9 |   |   |   | 0 | 1 |   |   | 4 | 7 |   |
    +---+---+---+---+---+---+---+---+---+---+---+---+---+---+---+---+
 9  |   |   | 9 | 0 | C | B |   | 3 | A |   | F | 1 |   | 6 |   |   |
    +---+---+---+---+---+---+---+---+---+---+---+---+---+---+---+---+
 A  |   | E | 7 |   | 2 | C | 8 | B | 5 |   | A | 3 | 6 |   | 4 |   |
    +---+---+---+---+---+---+---+---+---+---+---+---+---+---+---+---+
 B  | A | 7 | C | F | D | 8 | B | 6 | 9 | 4 | 2 | E | 0 | 1 | 3 | 5 |
    +---+---+---+---+---+---+---+---+---+---+---+---+---+---+---+---+
 C  | B | 8 | 3 |   | 1 | 2 | A | 9 | C | F | 6 | 7 | 4 | 5 | 0 | D |
    +---+---+---+---+---+---+---+---+---+---+---+---+---+---+---+---+
 D  | 9 | B | 2 | A | 5 | 0 | 7 | 8 |   | C |   | F |   | D | 1 | 3 |
    +---+---+---+---+---+---+---+---+---+---+---+---+---+---+---+---+
 E  | 4 | 6 | A | 9 | 0 | 3 | F |   | 8 |   | E | 5 | 1 | 2 | C | B |
    +---+---+---+---+---+---+---+---+---+---+---+---+---+---+---+---+
 F  | 0 | D |   | 8 |   | 4 | 9 | A | 7 | 6 | 5 | B | F | C |   | 2 |
    +---+---+---+---+---+---+---+---+---+---+---+---+---+---+---+---+
```

Solution:

```
      0   1   2   3   4   5   6   7   8   9   A   B   C   D   E   F
    +---+---+---+---+---+---+---+---+---+---+---+---+---+---+---+---+
0   | 1 | A | 0 | B | 6 | 7 | 5 | F | 4 | 2 | D | C | 3 | E | 9 | 8 |
    +---+---+---+---+---+---+---+---+---+---+---+---+---+---+---+---+
1   | 7 | 3 | F | 4 | 9 | E | 2 | D | 1 | 5 | 0 | 6 | A | B | 8 | C |
    +---+---+---+---+---+---+---+---+---+---+---+---+---+---+---+---+
2   | 8 | 9 | 5 | 7 | 4 | 6 | 1 | C | E | A | 3 | D | 2 | F | B | 0 |
    +---+---+---+---+---+---+---+---+---+---+---+---+---+---+---+---+
3   | 3 | 0 | E | 2 | 8 | D | 6 | 5 | B | 1 | 7 | 4 | C | A | F | 9 |
    +---+---+---+---+---+---+---+---+---+---+---+---+---+---+---+---+
4   | 6 | 1 | 8 | 5 | B | F | C | 4 | 0 | 7 | 9 | A | D | 3 | 2 | E |
    +---+---+---+---+---+---+---+---+---+---+---+---+---+---+---+---+
5   | 2 | 5 | 6 | 3 | 7 | A | E | 1 | F | 8 | C | 0 | B | 9 | D | 4 |
    +---+---+---+---+---+---+---+---+---+---+---+---+---+---+---+---+
6   | 5 | C | 4 | 6 | E | 1 | D | 0 | 3 | B | 8 | 2 | 9 | 7 | A | F |
    +---+---+---+---+---+---+---+---+---+---+---+---+---+---+---+---+
7   | C | 4 | D | 1 | F | 5 | 0 | E | 2 | 3 | B | 9 | 7 | 8 | 6 | A |
    +---+---+---+---+---+---+---+---+---+---+---+---+---+---+---+---+
8   | E | F | B | C | A | 9 | 3 | 2 | D | 0 | 1 | 8 | 5 | 4 | 7 | 6 |
    +---+---+---+---+---+---+---+---+---+---+---+---+---+---+---+---+
9   | D | 2 | 9 | 0 | C | B | 4 | 3 | A | E | F | 1 | 8 | 6 | 5 | 7 |
    +---+---+---+---+---+---+---+---+---+---+---+---+---+---+---+---+
A   | F | E | 7 | D | 2 | C | 8 | B | 5 | 9 | A | 3 | 6 | 0 | 4 | 1 |
    +---+---+---+---+---+---+---+---+---+---+---+---+---+---+---+---+
B   | A | 7 | C | F | D | 8 | B | 6 | 9 | 4 | 2 | E | 0 | 1 | 3 | 5 |
    +---+---+---+---+---+---+---+---+---+---+---+---+---+---+---+---+
C   | B | 8 | 3 | E | 1 | 2 | A | 9 | C | F | 6 | 7 | 4 | 5 | 0 | D |
    +---+---+---+---+---+---+---+---+---+---+---+---+---+---+---+---+
D   | 9 | B | 2 | A | 5 | 0 | 7 | 8 | 6 | C | 4 | F | E | D | 1 | 3 |
    +---+---+---+---+---+---+---+---+---+---+---+---+---+---+---+---+
E   | 4 | 6 | A | 9 | 0 | 3 | F | 7 | 8 | D | E | 5 | 1 | 2 | C | B |
    +---+---+---+---+---+---+---+---+---+---+---+---+---+---+---+---+
F   | 0 | D | 1 | 8 | 3 | 4 | 9 | A | 7 | 6 | 5 | B | F | C | E | 2 |
    +---+---+---+---+---+---+---+---+---+---+---+---+---+---+---+---+
```

Puzzle: HEXADECIMAL - Difficulty: STAFF

	0	1	2	3	4	5	6	7	8	9	A	B	C	D	E	F
0		E		D	C			9	0	8	7	6	5	4	2	1
1	E	9	D	F	A		B	8	7	6		4	2	3	1	
2	F	D	E	A		9			8	7	4	5	3		0	2
3	D	F		E	9	8		B	A	5	6	2	1		4	3
4	C	A	B	9	4	F	8	7	D	E	2	1	0	6	3	5
5	B	C	9	8	F	A					1	0	6	7	5	4
6	A	B		C	7		3	5	2	1		F	4	E	D	
7	9	8		7	E		2			0	F	3	A	5	C	B
8		7	A	5	D	2	1	0		4	3	E	F	B	9	C
9	7		5		8		0	3	4	D	E	C	B	9	F	A
A	6	5	7	B	1	0	4	2	E	3		A	9	D		F
B	5	2	4	6	0	3		1	C		9	7	D	8	B	E
C	2			0	3	E	D	F	5	B	8	9		A	6	7
D	4	3	0	1	6	5	9	E	F	C	A		8	2	7	D
E	1	0	3	4	2	7		C	B	9	D		E		A	
F	0	1		3	5	4	6	A	9	F	B		7	C	E	8

Solution:

```
     0   1   2   3   4   5   6   7   8   9   A   B   C   D   E   F
   +---+---+---+---+---+---+---+---+---+---+---+---+---+---+---+---+
 0 | 3 | E | F | D | C | B | A | 9 | 0 | 8 | 7 | 6 | 5 | 4 | 2 | 1 |
   +---+---+---+---+---+---+---+---+---+---+---+---+---+---+---+---+
 1 | E | 9 | D | F | A | C | B | 8 | 7 | 6 | 5 | 4 | 2 | 3 | 1 | 0 |
   +---+---+---+---+---+---+---+---+---+---+---+---+---+---+---+---+
 2 | F | D | E | A | B | 9 | C | 6 | 8 | 7 | 4 | 5 | 3 | 1 | 0 | 2 |
   +---+---+---+---+---+---+---+---+---+---+---+---+---+---+---+---+
 3 | D | F | C | E | 9 | 8 | 7 | B | A | 5 | 6 | 2 | 1 | 0 | 4 | 3 |
   +---+---+---+---+---+---+---+---+---+---+---+---+---+---+---+---+
 4 | C | A | B | 9 | 4 | F | 8 | 7 | D | E | 2 | 1 | 0 | 6 | 3 | 5 |
   +---+---+---+---+---+---+---+---+---+---+---+---+---+---+---+---+
 5 | B | C | 9 | 8 | F | A | E | D | 3 | 2 | 1 | 0 | 6 | 7 | 5 | 4 |
   +---+---+---+---+---+---+---+---+---+---+---+---+---+---+---+---+
 6 | A | B | 8 | C | 7 | 6 | 3 | 5 | 2 | 1 | 0 | F | 4 | E | D | 9 |
   +---+---+---+---+---+---+---+---+---+---+---+---+---+---+---+---+
 7 | 9 | 8 | 6 | 7 | E | D | 2 | 4 | 1 | 0 | F | 3 | A | 5 | C | B |
   +---+---+---+---+---+---+---+---+---+---+---+---+---+---+---+---+
 8 | 8 | 7 | A | 5 | D | 2 | 1 | 0 | 6 | 4 | 3 | E | F | B | 9 | C |
   +---+---+---+---+---+---+---+---+---+---+---+---+---+---+---+---+
 9 | 7 | 6 | 5 | 2 | 8 | 1 | 0 | 3 | 4 | D | E | C | B | 9 | F | A |
   +---+---+---+---+---+---+---+---+---+---+---+---+---+---+---+---+
 A | 6 | 5 | 7 | B | 1 | 0 | 4 | 2 | E | 3 | C | A | 9 | D | 8 | F |
   +---+---+---+---+---+---+---+---+---+---+---+---+---+---+---+---+
 B | 5 | 2 | 4 | 6 | 0 | 3 | F | 1 | C | A | 9 | 7 | D | 8 | B | E |
   +---+---+---+---+---+---+---+---+---+---+---+---+---+---+---+---+
 C | 2 | 4 | 1 | 0 | 3 | E | D | F | 5 | B | 8 | 9 | C | A | 6 | 7 |
   +---+---+---+---+---+---+---+---+---+---+---+---+---+---+---+---+
 D | 4 | 3 | 0 | 1 | 6 | 5 | 9 | E | F | C | A | B | 8 | 2 | 7 | D |
   +---+---+---+---+---+---+---+---+---+---+---+---+---+---+---+---+
 E | 1 | 0 | 3 | 4 | 2 | 7 | 5 | C | B | 9 | D | 8 | E | F | A | 6 |
   +---+---+---+---+---+---+---+---+---+---+---+---+---+---+---+---+
 F | 0 | 1 | 2 | 3 | 5 | 4 | 6 | A | 9 | F | B | D | 7 | C | E | 8 |
   +---+---+---+---+---+---+---+---+---+---+---+---+---+---+---+---+
```

Puzzle: HEXADECIMAL - Difficulty: STAFF

```
     0   1   2   3   4   5   6   7   8   9   A   B   C   D   E   F
   +---+---+---+---+---+---+---+---+---+---+---+---+---+---+---+---+
0  | A | 6 | 1 | 8 |   | C | 4 | 3 |   | 9 | 7 | E | 5 | F | 2 | B |
   +---+---+---+---+---+---+---+---+---+---+---+---+---+---+---+---+
1  | E |   |   | B | 1 | 7 | 6 | C | 3 | F | 8 | 5 | D | A | 4 | 9 |
   +---+---+---+---+---+---+---+---+---+---+---+---+---+---+---+---+
2  | D |   | 8 |   | A | 2 | 9 | 5 | 4 |   | B | 7 | 1 |   |   | F |
   +---+---+---+---+---+---+---+---+---+---+---+---+---+---+---+---+
3  | 2 | 5 | E | 4 | B | 6 | 3 | A | 8 | D | C | F | 9 | 0 | 1 | 7 |
   +---+---+---+---+---+---+---+---+---+---+---+---+---+---+---+---+
4  | C | 1 | B |   | 6 |   | 7 |   | 5 | 4 | D | 2 | 3 | 8 | E | 0 |
   +---+---+---+---+---+---+---+---+---+---+---+---+---+---+---+---+
5  | 0 | A |   | 7 |   | 8 | F | 4 | B |   | 9 | C | 6 | E | D | 1 |
   +---+---+---+---+---+---+---+---+---+---+---+---+---+---+---+---+
6  | 7 | D | 6 | E | 8 | 5 | 2 |   | 0 | A | F | 1 | C |   |   | 4 |
   +---+---+---+---+---+---+---+---+---+---+---+---+---+---+---+---+
7  |   | 8 |   | A | 5 | E | D |   | 7 | 0 | 1 | 9 |   | 3 | C | 2 |
   +---+---+---+---+---+---+---+---+---+---+---+---+---+---+---+---+
8  | 5 | E | D | 6 | F | 0 | B |   | 1 | C | 4 |   | 2 |   | 9 | A |
   +---+---+---+---+---+---+---+---+---+---+---+---+---+---+---+---+
9  | F | 4 | 0 | 5 | 3 | 9 |   | 1 | A | 6 | 2 | D |   | B | 8 | E |
   +---+---+---+---+---+---+---+---+---+---+---+---+---+---+---+---+
A  |   | 7 | 9 | 3 | C | F | 1 |   |   | 5 | 0 | 8 | 4 | D |   |   |
   +---+---+---+---+---+---+---+---+---+---+---+---+---+---+---+---+
B  | 9 | 2 | 3 |   | E |   | 8 | 7 |   |   | 6 | B | A | 5 | 0 | D |
   +---+---+---+---+---+---+---+---+---+---+---+---+---+---+---+---+
C  | 8 | F | 7 | 1 |   | D | A | 0 | 9 | B |   | 6 |   |   | 5 | C |
   +---+---+---+---+---+---+---+---+---+---+---+---+---+---+---+---+
D  | 6 | B | C | D | 9 | 1 | 0 | E | 2 | 8 | 5 | A | F | 4 | 7 | 3 |
   +---+---+---+---+---+---+---+---+---+---+---+---+---+---+---+---+
E  | 1 | 9 | A | 2 |   |   | 5 | F | C | 7 | E |   | 0 |   | B | 8 |
   +---+---+---+---+---+---+---+---+---+---+---+---+---+---+---+---+
F  | 3 | C | 4 | 9 |   | B | E | D | 6 | 2 | A | 0 | 8 | 1 | F | 5 |
   +---+---+---+---+---+---+---+---+---+---+---+---+---+---+---+---+
```

Solution:

```
      0   1   2   3   4   5   6   7   8   9   A   B   C   D   E   F
    +---+---+---+---+---+---+---+---+---+---+---+---+---+---+---+---+
0   | A | 6 | 1 | 8 | 0 | C | 4 | 3 | D | 9 | 7 | E | 5 | F | 2 | B |
    +---+---+---+---+---+---+---+---+---+---+---+---+---+---+---+---+
1   | E | 0 | 2 | B | 1 | 7 | 6 | C | 3 | F | 8 | 5 | D | A | 4 | 9 |
    +---+---+---+---+---+---+---+---+---+---+---+---+---+---+---+---+
2   | D | 3 | 8 | 0 | A | 2 | 9 | 5 | 4 | E | B | 7 | 1 | C | 6 | F |
    +---+---+---+---+---+---+---+---+---+---+---+---+---+---+---+---+
3   | 2 | 5 | E | 4 | B | 6 | 3 | A | 8 | D | C | F | 9 | 0 | 1 | 7 |
    +---+---+---+---+---+---+---+---+---+---+---+---+---+---+---+---+
4   | C | 1 | B | F | 6 | A | 7 | 9 | 5 | 4 | D | 2 | 3 | 8 | E | 0 |
    +---+---+---+---+---+---+---+---+---+---+---+---+---+---+---+---+
5   | 0 | A | 5 | 7 | 2 | 8 | F | 4 | B | 3 | 9 | C | 6 | E | D | 1 |
    +---+---+---+---+---+---+---+---+---+---+---+---+---+---+---+---+
6   | 7 | D | 6 | E | 8 | 5 | 2 | B | 0 | A | F | 1 | C | 9 | 3 | 4 |
    +---+---+---+---+---+---+---+---+---+---+---+---+---+---+---+---+
7   | 4 | 8 | F | A | 5 | E | D | 6 | 7 | 0 | 1 | 9 | B | 3 | C | 2 |
    +---+---+---+---+---+---+---+---+---+---+---+---+---+---+---+---+
8   | 5 | E | D | 6 | F | 0 | B | 8 | 1 | C | 4 | 3 | 2 | 7 | 9 | A |
    +---+---+---+---+---+---+---+---+---+---+---+---+---+---+---+---+
9   | F | 4 | 0 | 5 | 3 | 9 | C | 1 | A | 6 | 2 | D | 7 | B | 8 | E |
    +---+---+---+---+---+---+---+---+---+---+---+---+---+---+---+---+
A   | B | 7 | 9 | 3 | C | F | 1 | 2 | E | 5 | 0 | 8 | 4 | D | A | 6 |
    +---+---+---+---+---+---+---+---+---+---+---+---+---+---+---+---+
B   | 9 | 2 | 3 | C | E | 4 | 8 | 7 | F | 1 | 6 | B | A | 5 | 0 | D |
    +---+---+---+---+---+---+---+---+---+---+---+---+---+---+---+---+
C   | 8 | F | 7 | 1 | 4 | D | A | 0 | 9 | B | 3 | 6 | E | 2 | 5 | C |
    +---+---+---+---+---+---+---+---+---+---+---+---+---+---+---+---+
D   | 6 | B | C | D | 9 | 1 | 0 | E | 2 | 8 | 5 | A | F | 4 | 7 | 3 |
    +---+---+---+---+---+---+---+---+---+---+---+---+---+---+---+---+
E   | 1 | 9 | A | 2 | D | 3 | 5 | F | C | 7 | E | 4 | 0 | 6 | B | 8 |
    +---+---+---+---+---+---+---+---+---+---+---+---+---+---+---+---+
F   | 3 | C | 4 | 9 | 7 | B | E | D | 6 | 2 | A | 0 | 8 | 1 | F | 5 |
    +---+---+---+---+---+---+---+---+---+---+---+---+---+---+---+---+
```

Puzzle: HEXADECIMAL – Difficulty: PRINCIPAL

	0	1	2	3	4	5	6	7	8	9	A	B	C	D	E	F
0				1	2	4	5		6	8	B				F	
1	0	3		4	7	C		6	5		9		B	E	8	F
2	1	4	7	0	3	2		5	A	9		6	E	F	B	D
3	4	9	0	D	5	1			2		7	F	C	A		B
4			4	2			0	B	D	7	5	E	A			8
5	2	6	1	A	0	8	4	3	7	F	E	5	9	B		
6	8	2	5	6		0	A	C	1	3	F	B		D		E
7	6	8	A	3		5	D	E		B			2	0	7	
8		A	6		C	3	2	F	B		D			8	4	
9		7	C	B	D	F		4	8		0	2	6	9	1	3
A	7	E	8	5	6	B	F	D	9		3	A	4		2	0
B	9	5	F	7	B	E	6	A	C		8	1	3	2	0	
C	B	D	E		9	A	C	1	3	0		7	F	4	6	5
D	D	C	B	F	8	6	7	9	E	1	A	4			5	2
E	F	B	D		E	7	9			4	1	3	8		A	6
F	C	F		E		D	B	0	4	2		8	5	7		

Solution:

```
      0   1   2   3   4   5   6   7   8   9   A   B   C   D   E   F
    +---+---+---+---+---+---+---+---+---+---+---+---+---+---+---+---+
0   | E | 0 | 3 | 1 | 2 | 4 | 5 | 7 | 6 | 8 | B | 9 | D | C | F | A |
    +---+---+---+---+---+---+---+---+---+---+---+---+---+---+---+---+
1   | 0 | 3 | 2 | 4 | 7 | C | 1 | 6 | 5 | A | 9 | D | B | E | 8 | F |
    +---+---+---+---+---+---+---+---+---+---+---+---+---+---+---+---+
2   | 1 | 4 | 7 | 0 | 3 | 2 | 8 | 5 | A | 9 | C | 6 | E | F | B | D |
    +---+---+---+---+---+---+---+---+---+---+---+---+---+---+---+---+
3   | 4 | 9 | 0 | D | 5 | 1 | 3 | 8 | 2 | 6 | 7 | F | C | A | E | B |
    +---+---+---+---+---+---+---+---+---+---+---+---+---+---+---+---+
4   | 3 | 1 | 4 | 2 | F | 9 | 0 | B | D | 7 | 5 | E | A | 6 | C | 8 |
    +---+---+---+---+---+---+---+---+---+---+---+---+---+---+---+---+
5   | 2 | 6 | 1 | A | 0 | 8 | 4 | 3 | 7 | F | E | 5 | 9 | B | D | C |
    +---+---+---+---+---+---+---+---+---+---+---+---+---+---+---+---+
6   | 8 | 2 | 5 | 6 | 4 | 0 | A | C | 1 | 3 | F | B | 7 | D | 9 | E |
    +---+---+---+---+---+---+---+---+---+---+---+---+---+---+---+---+
7   | 6 | 8 | A | 3 | 1 | 5 | D | E | F | B | 4 | C | 2 | 0 | 7 | 9 |
    +---+---+---+---+---+---+---+---+---+---+---+---+---+---+---+---+
8   | 5 | A | 6 | 9 | C | 3 | 2 | F | B | E | D | 0 | 1 | 8 | 4 | 7 |
    +---+---+---+---+---+---+---+---+---+---+---+---+---+---+---+---+
9   | A | 7 | C | B | D | F | E | 4 | 8 | 5 | 0 | 2 | 6 | 9 | 1 | 3 |
    +---+---+---+---+---+---+---+---+---+---+---+---+---+---+---+---+
A   | 7 | E | 8 | 5 | 6 | B | F | D | 9 | C | 3 | A | 4 | 1 | 2 | 0 |
    +---+---+---+---+---+---+---+---+---+---+---+---+---+---+---+---+
B   | 9 | 5 | F | 7 | B | E | 6 | A | C | D | 8 | 1 | 3 | 2 | 0 | 4 |
    +---+---+---+---+---+---+---+---+---+---+---+---+---+---+---+---+
C   | B | D | E | 8 | 9 | A | C | 1 | 3 | 0 | 2 | 7 | F | 4 | 6 | 5 |
    +---+---+---+---+---+---+---+---+---+---+---+---+---+---+---+---+
D   | D | C | B | F | 8 | 6 | 7 | 9 | E | 1 | A | 4 | 0 | 3 | 5 | 2 |
    +---+---+---+---+---+---+---+---+---+---+---+---+---+---+---+---+
E   | F | B | D | C | E | 7 | 9 | 2 | 0 | 4 | 1 | 3 | 8 | 5 | A | 6 |
    +---+---+---+---+---+---+---+---+---+---+---+---+---+---+---+---+
F   | C | F | 9 | E | A | D | B | 0 | 4 | 2 | 6 | 8 | 5 | 7 | 3 | 1 |
    +---+---+---+---+---+---+---+---+---+---+---+---+---+---+---+---+
```

Puzzle: HEXADECIMAL – Difficulty: PRINCIPAL

	0	1	2	3	4	5	6	7	8	9	A	B	C	D	E	F
0		C	3	F	8			4	6	7	5	2	B	A	E	9
1	C	3	2	1	E		7	8	4	5	9		D	F	B	
2	B		5	4		C				3	2	0	A		D	7
3	F	7	B	2	A	6	E	0	3	D	1	5	C		9	4
4	A	1	C	6	B	E	2	D	7	4	0	9	5	3	8	F
5	4	8	D	3	9	A				E	B	2	5	1	C	
6	8	5	9	B	7		D	2	E	0		4		6	A	
7	3	2		5	1		A			C	6	D	9	4		0
8		4		9	C	F				A	B		8	2	0	5
9	2		A		3		6	8	E	4	C		0			
A		6	F		D	2	4	5	C			1	0	7		
B	D	0	7	C	F	8		A	9		3	E	6	B	4	1
C	E				2	5	B	3	A	1	F	6		C	7	8
D	0	F	6	E	4	B	1	C		9			7	D	2	A
E	5	B	1	A	0	4		F	2		7	8	3		C	
F	7	A		0	5	3	C	B	1	8	D		E	9	6	2

Solution:

```
      0   1   2   3   4   5   6   7   8   9   A   B   C   D   E   F
    +---+---+---+---+---+---+---+---+---+---+---+---+---+---+---+---+
0   | 1 | C | 3 | F | 8 | D | 0 | 4 | 6 | 7 | 5 | 2 | B | A | E | 9 |
    +---+---+---+---+---+---+---+---+---+---+---+---+---+---+---+---+
1   | C | 3 | 2 | 1 | E | 0 | 7 | 8 | 4 | 5 | 9 | A | D | F | B | 6 |
    +---+---+---+---+---+---+---+---+---+---+---+---+---+---+---+---+
2   | B | E | 5 | 4 | 6 | C | 8 | 9 | F | 3 | 2 | 0 | A | 1 | D | 7 |
    +---+---+---+---+---+---+---+---+---+---+---+---+---+---+---+---+
3   | F | 7 | B | 2 | A | 6 | E | 0 | 3 | D | 1 | 5 | C | 8 | 9 | 4 |
    +---+---+---+---+---+---+---+---+---+---+---+---+---+---+---+---+
4   | A | 1 | C | 6 | B | E | 2 | D | 7 | 4 | 0 | 9 | 5 | 3 | 8 | F |
    +---+---+---+---+---+---+---+---+---+---+---+---+---+---+---+---+
5   | 4 | 8 | D | 3 | 9 | A | 6 | 7 | 0 | F | E | B | 2 | 5 | 1 | C |
    +---+---+---+---+---+---+---+---+---+---+---+---+---+---+---+---+
6   | 8 | 5 | 9 | B | 7 | 1 | D | 2 | E | 0 | C | 4 | F | 6 | A | 3 |
    +---+---+---+---+---+---+---+---+---+---+---+---+---+---+---+---+
7   | 3 | 2 | 8 | 5 | 1 | 7 | A | E | B | C | 6 | D | 9 | 4 | F | 0 |
    +---+---+---+---+---+---+---+---+---+---+---+---+---+---+---+---+
8   | 6 | 4 | E | 9 | C | F | 3 | 1 | D | A | B | 7 | 8 | 2 | 0 | 5 |
    +---+---+---+---+---+---+---+---+---+---+---+---+---+---+---+---+
9   | 2 | D | A | 7 | 3 | 9 | F | 6 | 8 | E | 4 | C | 1 | 0 | 5 | B |
    +---+---+---+---+---+---+---+---+---+---+---+---+---+---+---+---+
A   | 9 | 6 | F | 8 | D | 2 | 4 | 5 | C | B | A | 1 | 0 | 7 | 3 | E |
    +---+---+---+---+---+---+---+---+---+---+---+---+---+---+---+---+
B   | D | 0 | 7 | C | F | 8 | 5 | A | 9 | 2 | 3 | E | 6 | B | 4 | 1 |
    +---+---+---+---+---+---+---+---+---+---+---+---+---+---+---+---+
C   | E | 9 | 0 | D | 2 | 5 | B | 3 | A | 1 | F | 6 | 4 | C | 7 | 8 |
    +---+---+---+---+---+---+---+---+---+---+---+---+---+---+---+---+
D   | 0 | F | 6 | E | 4 | B | 1 | C | 5 | 9 | 8 | 3 | 7 | D | 2 | A |
    +---+---+---+---+---+---+---+---+---+---+---+---+---+---+---+---+
E   | 5 | B | 1 | A | 0 | 4 | 9 | F | 2 | 6 | 7 | 8 | 3 | E | C | D |
    +---+---+---+---+---+---+---+---+---+---+---+---+---+---+---+---+
F   | 7 | A | 4 | 0 | 5 | 3 | C | B | 1 | 8 | D | F | E | 9 | 6 | 2 |
    +---+---+---+---+---+---+---+---+---+---+---+---+---+---+---+---+
```

Puzzle: HEXADECIMAL - Difficulty: PRINCIPAL

	0	1	2	3	4	5	6	7	8	9	A	B	C	D	E	F
0	3	E		D		B	A	9		8	7	6	5	4	2	1
1	E			F	A	C	B	8	7	6		4	2	3	1	
2	F		E		B	9	C	6	8		4	5	3			2
3	D	F		E	9	8		B	A	5	6	2		0	4	3
4	C	A	B		4		8		D	E	2	1	0	6	3	5
5	B	C		8		A	E	D	3		1	0	6	7	5	4
6	A	B		C	7	6	3		2	1	0	F	4			9
7		8		7	E	D	2		1	0	F			5	C	
8	8	7	A	5	D	2	1		6	4	3		F		9	C
9	7		5	2	8	1			4		E	C		9	F	A
A		5	7	B	1	0	4			3	C	A	9	D		
B	5	2			0		F	1			9	7	D	8	B	E
C	2	4	1	0		E	D	F	5	B				6	7	
D	4	3	0	1	6	5	9		F	C	A	B	8	2	7	D
E	1	0	3	4			5	C	B	9	D		E		A	6
F	0	1	2	3		4	6	A	9	F	B	D	7	C	E	8

Solution:

	0	1	2	3	4	5	6	7	8	9	A	B	C	D	E	F
0	3	E	F	D	C	B	A	9	0	8	7	6	5	4	2	1
1	E	9	D	F	A	C	B	8	7	6	5	4	2	3	1	0
2	F	D	E	A	B	9	C	6	8	7	4	5	3	1	0	2
3	D	F	C	E	9	8	7	B	A	5	6	2	1	0	4	3
4	C	A	B	9	4	F	8	7	D	E	2	1	0	6	3	5
5	B	C	9	8	F	A	E	D	3	2	1	0	6	7	5	4
6	A	B	8	C	7	6	3	5	2	1	0	F	4	E	D	9
7	9	8	6	7	E	D	2	4	1	0	F	3	A	5	C	B
8	8	7	A	5	D	2	1	0	6	4	3	E	F	B	9	C
9	7	6	5	2	8	1	0	3	4	D	E	C	B	9	F	A
A	6	5	7	B	1	0	4	2	E	3	C	A	9	D	8	F
B	5	2	4	6	0	3	F	1	C	A	9	7	D	8	B	E
C	2	4	1	0	3	E	D	F	5	B	8	9	C	A	6	7
D	4	3	0	1	6	5	9	E	F	C	A	B	8	2	7	D
E	1	0	3	4	2	7	5	C	B	9	D	8	E	F	A	6
F	0	1	2	3	5	4	6	A	9	F	B	D	7	C	E	8

Puzzle: HEXADECIMAL - Difficulty: PRINCIPAL

	0	1	2	3	4	5	6	7	8	9	A	B	C	D	E	F
0	A	6	1	8	0	C			D	9	7		5	F	2	B
1	E	0	2				6	C	3	F	8	5	D	A	4	9
2	D	3			A	2	9	5		E	B		1	C	6	F
3		5	E	4			3	A	8	D	C	F		0	1	7
4	C			F	6	A	7	9	5	4		2	3			0
5		A	5	7	2	8	F	4	B	3	9		6	E		1
6			6	E	8	5	2	B		A		1	C	9	3	4
7						D				1	9	B	3	C		
8	5	E	D	6		0	B	8	1		4	3	2	7	9	A
9	F	4	0	5	3	9	C	1	A	6	2		7	B	8	E
A	B	7	9	3	C	F	1	2	E	5	0	8			A	6
B	9	2	3		E	4		7	F	1	6	B	A	5	0	
C	8	F		1			A		9	B		6	E			C
D	6	B	C	D	9			E	2	8	5	A		4	7	3
E	1	9	A	2	D	3		F	C	7	E	4	0		B	8
F	3		4	9	7	B	E			2	A		8	1	F	5

Solution:

```
      0   1   2   3   4   5   6   7   8   9   A   B   C   D   E   F
    +---+---+---+---+---+---+---+---+---+---+---+---+---+---+---+---+
0   | A | 6 | 1 | 8 | 0 | C | 4 | 3 | D | 9 | 7 | E | 5 | F | 2 | B |
    +---+---+---+---+---+---+---+---+---+---+---+---+---+---+---+---+
1   | E | 0 | 2 | B | 1 | 7 | 6 | C | 3 | F | 8 | 5 | D | A | 4 | 9 |
    +---+---+---+---+---+---+---+---+---+---+---+---+---+---+---+---+
2   | D | 3 | 8 | 0 | A | 2 | 9 | 5 | 4 | E | B | 7 | 1 | C | 6 | F |
    +---+---+---+---+---+---+---+---+---+---+---+---+---+---+---+---+
3   | 2 | 5 | E | 4 | B | 6 | 3 | A | 8 | D | C | F | 9 | 0 | 1 | 7 |
    +---+---+---+---+---+---+---+---+---+---+---+---+---+---+---+---+
4   | C | 1 | B | F | 6 | A | 7 | 9 | 5 | 4 | D | 2 | 3 | 8 | E | 0 |
    +---+---+---+---+---+---+---+---+---+---+---+---+---+---+---+---+
5   | 0 | A | 5 | 7 | 2 | 8 | F | 4 | B | 3 | 9 | C | 6 | E | D | 1 |
    +---+---+---+---+---+---+---+---+---+---+---+---+---+---+---+---+
6   | 7 | D | 6 | E | 8 | 5 | 2 | B | 0 | A | F | 1 | C | 9 | 3 | 4 |
    +---+---+---+---+---+---+---+---+---+---+---+---+---+---+---+---+
7   | 4 | 8 | F | A | 5 | E | D | 6 | 7 | 0 | 1 | 9 | B | 3 | C | 2 |
    +---+---+---+---+---+---+---+---+---+---+---+---+---+---+---+---+
8   | 5 | E | D | 6 | F | 0 | B | 8 | 1 | C | 4 | 3 | 2 | 7 | 9 | A |
    +---+---+---+---+---+---+---+---+---+---+---+---+---+---+---+---+
9   | F | 4 | 0 | 5 | 3 | 9 | C | 1 | A | 6 | 2 | D | 7 | B | 8 | E |
    +---+---+---+---+---+---+---+---+---+---+---+---+---+---+---+---+
A   | B | 7 | 9 | 3 | C | F | 1 | 2 | E | 5 | 0 | 8 | 4 | D | A | 6 |
    +---+---+---+---+---+---+---+---+---+---+---+---+---+---+---+---+
B   | 9 | 2 | 3 | C | E | 4 | 8 | 7 | F | 1 | 6 | B | A | 5 | 0 | D |
    +---+---+---+---+---+---+---+---+---+---+---+---+---+---+---+---+
C   | 8 | F | 7 | 1 | 4 | D | A | 0 | 9 | B | 3 | 6 | E | 2 | 5 | C |
    +---+---+---+---+---+---+---+---+---+---+---+---+---+---+---+---+
D   | 6 | B | C | D | 9 | 1 | 0 | E | 2 | 8 | 5 | A | F | 4 | 7 | 3 |
    +---+---+---+---+---+---+---+---+---+---+---+---+---+---+---+---+
E   | 1 | 9 | A | 2 | D | 3 | 5 | F | C | 7 | E | 4 | 0 | 6 | B | 8 |
    +---+---+---+---+---+---+---+---+---+---+---+---+---+---+---+---+
F   | 3 | C | 4 | 9 | 7 | B | E | D | 6 | 2 | A | 0 | 8 | 1 | F | 5 |
    +---+---+---+---+---+---+---+---+---+---+---+---+---+---+---+---+
```

www.ingramcontent.com/pod-product-compliance
Lightning Source LLC
Chambersburg PA
CBHW070902070326
40690CB00009B/1957
* 9 7 9 8 8 7 9 6 9 0 6 4 4 *